SHUILI HANGYE CHANGQI YI SHIYONG
ZAIJIAN GONGCHENG ZHUANGU GONGZUO SHIJIAN JIAOCHENG

水利行业长期已使用在建工程转固工作实践教程

王 成　顾小龙　编著

·广州·

版权所有　翻印必究

图书在版编目（CIP）数据

水利行业长期已使用在建工程转固工作实践教程/王成，顾小龙编著. —广州：中山大学出版社，2022.12
ISBN 978-7-306-07695-3

Ⅰ. ①水… Ⅱ. ①王…②顾… Ⅲ. ①水利工程—固定资产管理—研究 Ⅳ. ①F426.9

中国版本图书馆 CIP 数据核字（2022）第 254026 号

出 版 人：王天琪
策划编辑：张　蕊
责任编辑：陈　芳
封面设计：曾　斌
责任校对：周昌华
责任技编：靳晓虹
出版发行：中山大学出版社
电　　话：编辑部 020 - 84110283，84113349，84111997，84110779，84110776
　　　　　发行部 020 - 84111998，84111981，84111160
地　　址：广州市新港西路 135 号
邮　　编：510275　　传　真：020 - 84036565
网　　址：http://www.zsup.com.cn　E-mail：zdcbs@mail.sysu.edu.cn
印 刷 者：广州市友盛彩印有限公司
规　　格：787mm×1092mm　1/16　18 印张　305 千字
版次印次：2022 年 12 月第 1 版　2022 年 12 月第 1 次印刷
定　　价：78.00 元

如发现本书因印装质量影响阅读，请与出版社发行部联系调换。

前 言

广东省财政厅于 2019 年 1 月 30 日转发了财政部《关于加快做好行政事业单位长期已使用在建工程转固工作的通知》（以下简称《通知》），由此拉开了广东省行政事业单位长期已使用在建工程项目清理和结转的大幕。作为全国水利大省，近 20 年来，广东省筹集大量的资金投放在大江大河治理、城乡防洪排涝、水库除险加固等建设中，取得了丰硕成果，为广东经济建设和社会发展提供了安全保障。大量资金的投入及建设项目完工交付使用，形成了较大规模的水利资产，但由于历史原因和客观现实条件的制约，目前仍存在大量基本建设项目未及时办理竣工结算和资产移交手续，导致建设项目转固定资产（以下简称"转固"）及资产移交的比例较低，这样既不利于政府加强对国有资产的管理，也影响水利工程效益的发挥，存在一定的管理隐患和安全隐患。为了从根本上解决水利行业长期已使用在建工程转固工作的难题，广东省水利厅党组和全省各级水行政主管部门高度重视并从体制机制建设等方面助推该项工作落到实处。

2020 年年初，广东省水利厅成立了专责工作组（机构）负责推动水利行业长期已使用在建工程转固工作。从 2020 年 4 月起，工作组先后对全省各类水利建设项目转固情况开展实地调研，摸清在建工程现状，针对在建工程转固难点，寻求政策或制度依据，探索解决之道，并据此编写了《水利行业长期已使用在建工程转固工作实践教程》（以下简称《教程》），希望据此有序推进全省水利工程长期已使用在建工程转固工作。《教程》共分为四章，包括"概述""水利建设项目的会计核算与竣工财务决算编制""水利工程竣工决算审计""长期已使用在建工程转固流程"。四章的内容相互衔接、有机统一，将水利行业基建项目管理、会计核算、竣工决算审计和结转固定资产等内容融会贯通，既呼应政策制度要求，又为行业管理提供指引，还能作为广大水利行业会计实务工作者的工具用书。希望《教程》的完成能够助推水利行业转固工作顺利进行，为提升水利行业管理水平略献绵薄之力。

编 者

2022 年 9 月 26 日

目 录

第一章 概述 / 1
  第一节 水利项目基本建设程序 / 1
    一、项目建议书阶段 / 3
    二、可行性研究报告阶段 / 3
    三、初步设计阶段 / 4
    四、施工准备阶段 / 4
    五、建设实施阶段 / 5
    六、生产准备阶段 / 5
    七、竣工验收阶段 / 6
    八、后评价阶段 / 9
  第二节 概算调整与设计变更 / 9
    一、概算调整 / 9
    二、设计变更 / 11
  第三节 水利基本建设项目"四制" / 17
    一、项目法人责任制 / 17
    二、招标投标制 / 19
    三、建设监理制 / 23
    四、合同管理制 / 25
  第四节 基本建设项目档案管理 / 26
    一、总则 / 26
    二、项目文件管理 / 26
    三、项目档案管理 / 30
  附录A：竣工图章、竣工图审核章式样 / 32
  附录B：建设项目文件归档范围和保管期限表 / 33

第二章 水利建设项目的会计核算与竣工财务决算编制 ／44

第一节 政府会计制度对水利基本建设项目会计核算的影响 ／44
  一、重构了政府会计核算模式 ／44
  二、整合了基建会计核算 ／45
  三、强化了财务会计的功能 ／45
  四、科学设置明细科目与辅助核算项 ／45

第二节 新旧会计制度介绍 ／46
  一、政府会计出纳财务会计与预算会计平行记账 ／47
  二、新旧会计制度的差异对比与分析 ／49
  三、新旧会计核算制度衔接 ／57

附录1：行政事业单位会计科目和报表 ／83

第三节 "代建制"模式下的会计核算及其转固 ／94
  一、"代建制"介绍 ／94
  二、政府会计准则对代建制的要求 ／94

第四节 PPP等新管理模式 ／98
  一、政府和社会资本合作项目合同 ／98
  二、工程总承包 ／104
  三、基础设施和公用事业特许经营 ／107
  四、BT模式 ／112

附录2：主要业务和事项账务处理举例 ／116

第五节 水利基本建设项目竣工财务决算编制 ／130
  一、由财政部批复的水利基本建设项目竣工财务决算编制 ／130
  二、由水利部批复的水利基本建设项目竣工财务决算编制 ／134

附表A：财务部批复的基本建设项目竣工财务决算报表 ／147
附表B：财政部批复的基本建设项目竣工财务决算审核表 ／160
附表C：水利部工程类项目竣工财务决算报表 ／168
附表D：水利部非工程类项目竣工财务决算报表 ／179
附录3：水利部项目竣工财务决算审核报告及表格 ／185
附录4：水利部工程类项目竣工财务决算报表编制说明 ／193
附录5：水利部非工程类项目竣工财务决算报表编制说明 ／197

第三章 水利工程竣工决算审计 /199
第一节 《水利基本建设项目竣工决算审计规程》的简述 /199
一、总则 /199
二、术语 /201
三、审计内容 /202
四、审计程序 /204
五、审计方法 /205
第二节 水利基本建设项目工程竣工决算审计业务实施具体流程 /208
一、审计准备阶段 /208
二、审计实施阶段 /210
三、审计报告阶段 /215
四、审计终结阶段 /216
第三节 水利工程竣工决算审计组织管理 /217
一、委托社会审计业务管理 /217
二、审计费用管理 /220
三、审计档案管理 /220

第四章 长期已使用在建工程转固流程 /221
第一节 背景介绍 /221
一、广东水利在建工程现状 /221
二、财政部文件要求与新旧会计制度的衔接 /221
三、长期已使用在建工程转固的政策适用性 /223
四、术语解读 /224
第二节 基本建设项目长期挂账的原因分析 /228
一、建设单位对核算制度要求存在片面理解 /229
二、制度变更与实操的复杂性 /229
三、制度创新能力不足 /230
四、职能部门缺乏协调配合 /230
五、基层现实问题 /231
第三节 管理体制变化与会计核算政策的对接 /232
第四节 长期已使用在建工程转固难点及对策 /234
一、历史遗留问题的制度对策 /234

二、"公共基础设施""固定资产"应用指引 /239

三、转固业务账务处理流程 /248

四、实务操作举例 /267

五、组织保障参考模板 /276

后　记　/280

第一章 概述

第一节 水利项目基本建设程序

本部分所陈述的水利项目是指政府投资建设项目；所提及的政府投资是指中国境内使用预算安排的资金进行固定资产投资建设的活动，包括新建、扩建、改建、技术改造等。水利项目的整个建设程序一般分为项目建议书、可行性研究报告、初步设计、施工准备、建设实施、生产准备、竣工验收、后评价等阶段，流程框架如图1-1所示。

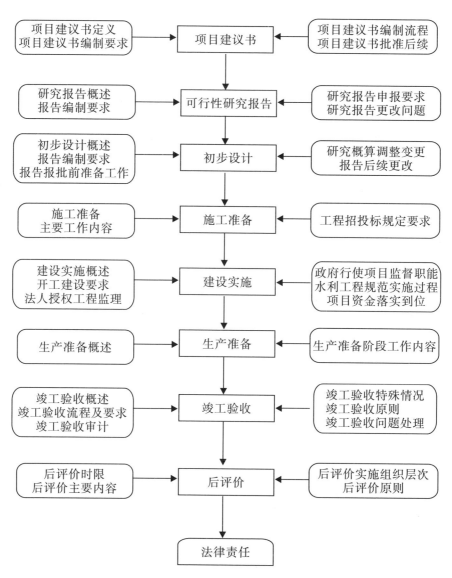

图1-1 水利项目基本建设程序

下面将按照水利项目基本建设程序顺序，逐一讲解各步骤注意事项。①

一、项目建议书阶段

项目建设书是指在国民经济和社会发展长远规划、流域综合规划、区域综合规划、专业规划的基础上，根据国家产业政策和国家有关投资建设方针进行编制的，对拟进行建设项目的初步说明。

项目建议书的编制一般由政府委托有相应资格的设计单位承担，并按国家现行规定权限向主管部门申报审批。项目建议书被批准后，应由政府向社会公布，若有投资建设意向，再及时组建项目法人筹备机构，开展下一建设程序工作。

设计单位在进行水利工程项目建议书编制时，应当符合《水利水电工程项目建议书编制暂行规定》（水利部水规计〔1996〕608号）的相关要求。

二、可行性研究报告阶段

可行性研究应对项目进行方案比较，对在技术上是否可行和经济上是否合理进行科学的分析和论证，而经过批准的可行性研究报告，是项目决策和进行初步设计的依据。

项目法人或筹备机构在编制水利项目可行性研究报告时，应符合《水利水电工程可行性研究报告编制规程》（电力部、水利部电办〔1993〕112号）的相关要求。

在可行性研究报告编制完毕后，按国家现行规定的审批权限报批。项目可行性报告批准后，应正式成立项目法人，并按项目法人责任制实行项目管理。申报项目可行性研究报告，必须同时提出项目法人组建方案及运行机制、资金筹措方案、资金结构及回收资金的办法。经批准后的可行性研究报告，不得随意修改和变更，如果存在主要内容上的重要变动，则应经原批准机关复审同意。

---

① 参见《水利工程建设程序管理暂行规定》（1998年发布，2014年第一次修正，2016年第二次修正，2017年第三次修正，2019年第四次修正）、《政府投资条例》（国令第712号）。

三、初步设计阶段

初步设计是根据批准的可行性研究报告和必要而准确的设计资料，对设计对象进行通盘研究，阐明拟建工程在技术上的可行性和经济上的合理性，规定项目的各项基本技术参数，编制项目的总概算。

初步设计任务应优先由具备项目相应资格的设计单位承担，依照有关初步设计编制规定进行编制。设计单位在编制初步设计报告时，应符合《水利水电工程初步设计报告编制规程》（电力部、水利部电办〔1993〕113号）的相关要求。

项目法人应在进行初步设计文件报批前，对初步设计中的重大问题组织论证，由设计单位根据论证意见，对初步设计文件进行补充、修改、优化，最后按国家现行规定权限向主管部门申报审批。

如果初步设计提出的投资概算超过经批准的可行性研究报告提出的投资估算10%的，项目单位应当向投资主管部门或者其他有关部门报告，投资主管部门或者其他有关部门可以要求项目单位重新报送可行性研究报告。

作为项目建设实施的技术文件基础，经过批准后的初步设计文件不得随意修改，如果存在重要的修改、变更，需要经过原审批机关复审同意。

四、施工准备阶段

施工准备是指为拟建工程的施工创造必要的技术和物质条件，在项目可行性研究报告已经批准，年度水利投资计划下达后，项目法人即可开展施工准备工作，其主要内容包括：

（1）施工现场的征地、拆迁。
（2）完成施工用水、电、通信、路和场地平整等工程。
（3）必需的生产、生活临时建筑工程。
（4）实施经批准的应急工程、试验工程等专项工程。
（5）组织招标设计、咨询、设备和物资采购等服务。
（6）组织相关监理招标，组织主体工程招标准备工作。

工程建设项目施工，除某些不适应招标的特殊工程项目外（须经水行政主管部门批准），都应当实行招标投标，其在招标投标过程中，应当遵守有关法律、行政法规和《水利工程建设项目招标投标管理规定》等规章的要求。

五、建设实施阶段

建设实施阶段是指主体工程的建设实施。

水利工程具备《水利工程建设项目管理规定（试行）》规定的开工条件后，主体工程方可开工建设。自工程开工之日起15个工作日内，项目法人或者建设单位应当将开工情况的书面报告报项目主管单位和上一级主管单位备案。

在建设过程中，项目法人需要做好以下工作。

（1）按照批准的建设文件，组织工程建设。

（2）充分发挥建设管理的主导作用，为施工创造良好的建设条件。

（3）充分授权工程监理，使之能独立负责项目的建设工期、质量、投资的控制和现场施工的组织协调。其中，对监理单位的选择必须符合《水利工程建设监理规定》（水利部水建〔1996〕396号）的要求。

在建设过程中，应当按照投资主管部门或者其他有关部门批准的建设地点、建设规模和建设内容实施，如果存在拟变更建设地点或者拟对建设规模、建设内容等做较大变更的，应当按照规定的程序报原审批部门审批。

在整个建设过程中，应当按照"政府监督、项目法人负责、社会监理、企业保证"的要求，建立健全质量管理体系，若为重要建设项目，须设立质量监督项目站，行使政府对项目建设的监督职能。

六、生产准备阶段

生产准备是项目投产前所要进行的一项重要工作，是建设阶段转入生产经营的必要条件。

项目法人应按照建管结合和项目法人责任制的要求，适时做好有关生产准备工作。生产准备工作一般包括如下五个方面。

（1）生产组织准备。建立生产经营的管理机构及相应管理制度。

（2）招收和培训人员。按照生产运营的要求，配备生产管理人员，并通过多种形式的培训，提高人员素质，使之能满足运营要求。生产管理人员要尽早介入工程的施工建设，参加设备的安装调试，熟悉情况，掌握好生产技术和工艺流程，为顺利衔接基本建设和生产经营阶段做好准备。

（3）生产技术准备。主要包括技术资料的汇总、运行技术方案的制定、岗位操作规程制定和新技术准备。

（4）生产的物资准备。主要是落实投产运营所需要的原材料、协作产品、工器具、备品备件和其他协作配合条件的准备。

（5）正常的生活福利设施准备。

七、竣工验收阶段[①]

竣工验收是工程建设过程的最后一环，是工程完成建设目标的标志，是全面考核基本建设成果、检验设计和工程质量的重要步骤。竣工验收合格的项目即从基本建设转入生产或使用。

当建设项目的建设内容全部完成，经过单位工程验收（包括工程档案资料的验收），符合设计要求并按《水利基本建设项目（工程）档案资料管理暂行规定》（水利部水办〔1997〕275号）的要求完成了档案资料的整理工作；完成竣工报告、竣工决算等必需文件的编制后，项目法人按《水利工程建设项目管理规定（试行）》（水利部水建〔1995〕128号）规定，向验收主管部门提出申请，根据国家和部颁验收规程组织验收。

竣工验收应当在工程建设项目全部完成并满足一定运行条件后1年内进行。不能按期进行竣工验收的，经竣工验收主持单位同意，可以适当延长期限，但最长不得超过6个月。逾期仍不能进行竣工验收的，项目法人应当向竣工验收主持单位做出专题报告。

竣工验收原则上按照经批准的初步设计所确定的标准和内容进行。

项目既有总体初步设计又有单项工程初步设计的，原则上按照总体初步设计的标准和内容进行，也可以先进行单项工程竣工验收，最后按照总

---

① 参见《水利工程建设项目验收管理规定》（2006年发布，2014年第一次修正，2016年第二次修正，2017年第三次修正）、《水利工程建设程序管理暂行规定》（1998年发布，2014年第一次修正，2016年第二次修正，2017年第三次修正，2019年第四次修正）。

体初步设计进行总体竣工验收。

项目有总体可行性研究但没有总体初步设计而有单项工程初步设计的，原则上按照单项工程初步设计的标准和内容进行竣工验收。

建设周期长或者因故无法继续实施的项目，对已完成的部分工程可以按单项工程或者分期进行竣工验收。

枢纽工程导（截）流、水库下闸蓄水等阶段验收前，涉及移民安置的，应当完成相应的移民安置专项验收。

工程竣工验收前，应当按照国家有关规定，进行环境保护、水土保持、移民安置以及工程档案等专项验收。经商有关部门同意，专项验收可以与竣工验收一并进行。

工程规模较大、技术较复杂的建设项目可先进行初步验收。不合格的工程不予验收；有遗留问题的项目，对遗留问题必须有具体处理意见，且有限期处理的明确要求并落实责任人。

验收中发现的问题，其处理原则由验收委员会（验收工作组）协商确定。主任委员（组长）对争议问题有裁决权。但是，半数以上验收委员会（验收工作组）成员不同意裁决意见的，法人验收应当报请验收监督管理机关决定，政府验收应当报请竣工验收主持单位决定。

验收委员会（验收工作组）对工程验收不予通过的，应当明确不予通过的理由并提出整改意见。有关单位应当及时组织处理有关问题，完成整改，并按照程序重新申请验收。

竣工决算编制完成后，须由审计机关组织竣工审计，其审计报告作为竣工验收的基本资料。

竣工验收流程如图1-2所示：

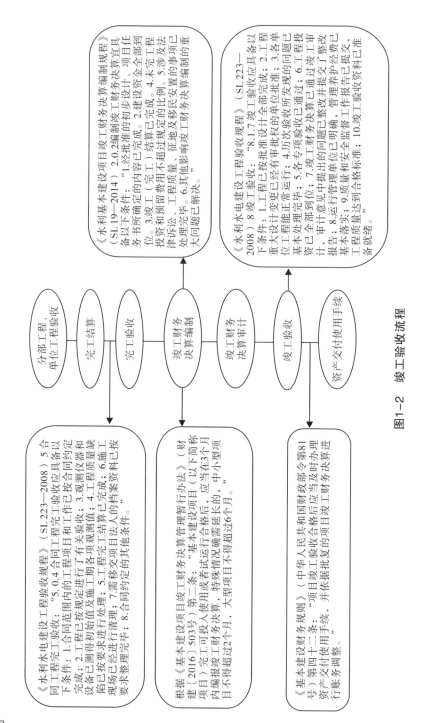

图1-2 竣工验收流程

八、后评价阶段

建设项目竣工投产后,一般情况下,在经过 1 至 2 年生产运营后,要进行一次系统的项目后评价,评价内容主要包括:

(1) 影响评价——项目投产后对各方面的影响进行评价。

(2) 经济效益评价——对项目投资、国民经济效益、财务效益、技术进步和规模效益、可行性研究深度等进行评价。

(3) 过程评价——对项目的立项、设计施工、建设管理、竣工投产、生产运营等全过程进行评价。

项目后评价一般按三个层次组织实施,即项目法人的自我评价、项目行业的评价、计划部门(或主要投资方)的评价。

我们在进行建设项目后评价工作时,必须遵循客观、公正、科学的原则,做到分析合理、评价公正,以达到肯定成绩、总结经验、研究问题、吸取教训、提出建议、改进工作,不断提高项目决策水平和投资效果的目的。

第二节 概算调整与设计变更

一、概算调整[①]

概算应由中华人民共和国国家发展和改革委员会(以下简称"国家发展改革委")在项目初步设计阶段委托评审后核定,其具体内容包括国家规定的项目建设所需的全部费用,包括工程费用、工程建设其他费用、基本预备费、价差预备费等。其中,价差预备费在编制和核定概算时,应按年度投资价格指数分行业合理确定。

(1) 项目单位如果缺乏相关专业技术人员或者建设管理经验,应当实

---

① 参见《中央预算内直接投资项目概算管理暂行办法》(发改投资〔2015〕482号)。

行代建制，所需的费用从建设单位管理费中列支。除项目建设期价格大幅上涨、政策调整、地质条件发生重大变化和自然灾害等不可抗力因素外，经核定的概算不得突破。

（2）经核定的概算应作为项目建设实施和控制投资的依据，应当确保项目总投资控制在概算以内，不仅项目主管部门、项目单位和设计单位、监理单位等参建单位应当加强项目投资全过程管理，并且国家发展改革委和项目主管部门应当通过信息化系统加强投资概算全过程监管。

（3）项目主管部门应当履行概算管理和监督责任，按照核定概算严格控制，在施工图设计（含装修设计）、招标、结构封顶、装修、设备安装等重要节点应当开展概算控制检查，制止和纠正违规超概算行为。

（4）项目单位在其主管部门领导和监督下对概算管理负主要责任，按照核定概算严格执行。并且在概算核定后，项目单位应当按季度向项目主管部门报告项目进度和概算执行情况，主要内容包括施工图设计（含装修设计）及预算是否符合初步设计及概算，招标结果及合同是否控制在概算以内，项目建设是否按批准的内容、规模和标准进行以及是否超概算等。

项目单位宜明确由一个设计单位对项目设计负总责，统筹各专业各专项设计。

（5）设计单位应当依照法律法规、设计规范和概算文件，履行概算控制责任，其初步设计及概算应当符合可行性研究报告批复文件要求，并达到相应的深度和质量要求。

在初步设计及概算批复核定后，项目应实行限额设计，其施工图设计（含装修设计）及预算应当符合初步设计及概算。

（6）工程咨询单位对编制的项目建议书、可行性研究报告内容的全面性和准确性负责，而评估单位、招标代理单位、勘察单位、施工单位、设备材料供应商等参建单位也应当依据法律法规和合同约定，履行相应的概算控制责任。

（7）项目初步设计及概算一经批复核定，应当严格执行，不得擅自增加建设内容、扩大建设规模、提高建设标准或改变设计方案，如果确需调整且将会突破投资概算的，必须事前向国家发展改革委正式申报，未经批准不得擅自调整实施。

（8）如果是因为项目建设期价格大幅上涨、政策调整、地质条件发生重大变化和自然灾害等不可抗力因素而使原核定概算不能满足工程实际需要的,可以向国家发展改革委申请调整概算。

(9) 如果要申请调整概算,应提交齐全的相关申报材料,其材料应当包括:①原初步设计及概算文件和批复核定文件;②由具备相应资质单位编制的调整概算书,调整概算与原核定概算对比表,并分类定量说明调整概算的原因、依据和计算方法;③与调整概算有关的招标及合同文件,包括变更洽商部分;④施工图设计(含装修设计)及预算文件等调整概算所需的其他材料。

(10) 在申请调整概算的项目中,对于使用预备费就可以解决的,无须进行调整概算;对于确需调整概算的,应经过国家发展改革委委托评审后核定调整,并且由于价格上涨增加的投资是不作为计算其他费用的取费基数的。

(11) 对于某些因特殊情况需要申请调整概算的项目,如未经国家发展改革委批准擅自增加建设内容、扩大建设规模、提高建设标准、改变设计方案等原因造成超概算的,除了要提交前文提到的必要申报材料外,还应当同时界定违规超概算的责任主体,并提出自行筹措违规超概算投资的意见,以及对相关责任单位及责任人的处理意见,而且违规超概算投资原则上不安排中央预算内投资解决。

同时,对于项目单位或主管部门可以自筹解决超概算投资的,由主管部门按有关规定和标准自行核定调整概算。但如果向国家发展改革委申请概算调增幅度超过原核定概算10%及以上的,国家发展改革委原则上应当先商请审计机关进行审计。

二、设计变更[①]

设计变更是指自水利工程初步设计批准之日起至工程竣工验收交付使用之日止,对已批准的初步设计所进行的修改活动。

---

① 参见《水利工程设计变更管理暂行办法》(水规计〔2012〕93号)、《水利工程设计变更管理暂行办法》(水规计〔2020〕283号)。

（一）设计变更的划分

水利工程设计变更分为重大设计变更和一般设计变更。其中，重大设计变更是指在工程建设过程中，对初步设计批复的有关建设任务和内容进行调整，导致工程任务、规模、工程等级及设计标准发生变化，工程总体布置方案、主要建筑物布置及结构型式、重要机电与金属结构设备、施工组织设计方案等发生重大变化，对工程质量、安全、工期、投资、效益、环境和运行管理等产生重大影响的设计变更。除此之外的变更为一般设计变更。

以下设计内容发生变化而引起的工程设计变更为重大设计变更，现对其进行详细阐述。

1. 修订前的制度要求（水规计〔2012〕93号）

（1）工程规模、建筑物等级及设计标准的设计变更，包括：①水库库容、特征水位的变化，引（供）水工程的供水范围、供水量、输水流量、关键节点控制水位的变化，电站或泵站装机容量的变化，灌溉或除涝（治涝）范围与面积的变化，河道及堤防工程治理范围、水位等的变化；②工程等别、主要建筑物级别、抗震设计烈度、洪水标准、除涝（治涝）标准等的变化。

（2）总体布局、工程布置及主要建筑物的设计变更，包括：①总体布局、主要建设内容、主要建筑物场址、坝线、骨干渠（管）线、堤线的变化；②工程布置、主要建筑物型式的变化；③主要水工建筑物基础处理方案、消能防冲方案的变化；④主要水工建筑物边坡处理方案、地下洞室支护型式或布置方案的变化；⑤除险加固或改（扩）建工程主要技术方案的变化。

（3）机电及金属结构的设计变更，包括：①大型泵站工程或以发电任务为主工程的电厂主要水力机械设备型式和数量的变化；②大型泵站工程或以发电任务为主工程的接入电力系统方式、电气主接线和输配电方式及设备型式的变化；③主要金属结构设备及布置方案的变化。

（4）施工组织设计的设计变更，包括：①主要料场场地的变化；②水利枢纽工程的施工导流方式、导流建筑物方案的变化；③主要建筑物施工方案和工程总进度的变化。

2. 2020 年修订后的制度要求（水规计〔2020〕283 号）

（1）工程任务和规模的设计变更，包括：①工程任务，工程防洪、治涝、灌溉、供水、发电等主要设计任务的变化和调整。②工程规模，如水库总库容、防洪库容、死库容、调节库容的变化；正常蓄水位、汛期限制水位、防洪高水位、死水位、设计洪水位、校核洪水位，以及分洪水位、挡潮水位等特征水位的变化；供水、灌溉及排水工程的范围、面积、工程布局发生重大变化；干渠（管）及以上工程设计流量、设计供（引、排）水量发生重大变化；大中型电站或泵站的装机容量发生重大变化；河道治理、堤防及蓄滞洪区工程中河道及堤防治理范围、治导线形态和宽度、整治流量，蓄滞洪区及安全区面积、容量、数量，分洪工程规模等发生重大变化。

（2）工程等级及设计标准的设计变更，包括：①工程防洪标准、除涝（治涝）标准的变化；②工程等别、主要建筑物级别的变化；③主要建筑物洪水标准、抗震设计等安全标准的变化。

（3）工程布置及建筑物的设计变更，包括：①水库、水闸工程，如挡水、泄水、引（供）水、过坝等主要建筑物位置、轴线、工程布置、主要结构型式的变化；主要挡水建筑物高度、防渗型式、筑坝材料和分区设计、结构设计的重大变化；主要泄水建筑物设计、消能防冲设计的重大变化；引水建筑物进水口结构设计的重大变化；主要建筑物基础处理方案、重要边坡治理方案的重大变化。②电站、泵站工程，如主要建筑物位置、轴线的重大变化；厂区布置、主要建筑物组成的重大变化；电（泵）站主要建筑物型式、基础处理方案的重大变化；重要边坡治理方案的重大变化。③供水、灌溉及排水工程，如水源、取水方式及输水方式的重大变化；干渠（线）及以上工程线路、主要建筑物布置及结构型式，以及建筑物基础处理方案、重要边坡治理方案的重大变化；干渠（线）及以上工程有压输水管道管材、设计压力及调压设施的重大变化。④堤防工程及蓄滞洪区工程，如堤线及建筑物布置、堤顶高程的重大变化；堤防防渗型式、筑堤材料、结构设计、护岸和护坡型式的重大变化；对堤防安全有影响的交叉建筑物设计方案的重大变化；防洪以及安全建设工程型式、分洪工程型式的重大变化。

（4）机电及金属结构的设计变更，包括：①水力机械，如水电站水轮机型式、布置型式、台数的变化；大中型泵站水泵型式、布置型式、台数的变化；压力输水系统调流调压设备型式、数量的重大变化。②电气工程,如出线电压等级在110千伏及以上的电站接入电力系统接入点、主接线型式、进出线回路数以及高压配电装置型式变化;110千伏及以上电压等级的泵站供电电压、主接线型式、进出线回路数、高压配电装置型式变化;大型泵站高压主电动机型式、起动方式的变化。③金属结构,如具有防洪、泄水功能的闸门工作性质、闸门门型、布置方案、启闭设备型式的重大变化;电站、泵站等工程应急闸门工作性质、闸门门型、布置方案、启闭设备型式的重大变化;导流封堵闸门的门型、结构、布置方案的重大变化。

(5)施工组织设计的设计变更,包括:①水库枢纽和水电站工程的混凝土骨料、土石坝填筑料、工程回填料料源发生重大变化;②水库枢纽工程主要建筑物的导流建筑物级别、导流标准及导流方式的重大变化。

涉及工程开发任务变化和工程规模、设计标准、总体布局等方面的重大设计变更,应征得可行性研究报告批复部门的同意。

一般设计变更是指对工程质量、安全、工期、投资、效益影响较小的局部工程设计方案、建筑物结构型式、设备型式、工程内容和工程量等方面的变更。

1. 修订前的制度要求(水规计〔2012〕93号)

一般设计变更主要内容包括:水利枢纽工程中次要建筑物基础处理方案变化、布置及结构型式变化、施工方案变化,附属建设内容变化,一般机电设备及金属结构设计变化;堤防和河道治理工程的局部线路、灌区和引调水工程中非骨干工程的局部线路调整或者局部基础处理方案变化、次要建筑物布置及结构型式变化,施工组织设计变化,中小型泵站、水闸机电及金属结构设计变化等。

2. 2020年修订后的制度要求(水规计〔2020〕283号)

一般设计变更主要内容包括并不限于:水利枢纽工程中次要建筑物的布置、结构型式、基础处理方案及施工方案变化;堤防和河道治理工程的局部变化;灌区和引调水工程中支渠(线)及以下工程的局部线路调整、局部基础处理方案变化,次要建筑物的布置、结构型式和施工组织设计变化;一般机电设备及金属结构设备型式变化;附属建设内容变化等。

(二)设计变更文件编制

项目法人、施工单位、监理单位不得修改建设工程勘察、设计文件。

根据建设过程中出现的问题，施工单位、监理单位及项目法人等单位可以提出设计变更建议。项目法人应当对设计变更建议及理由进行评估，必要时，可以组织勘察设计单位、施工单位、监理单位及有关专家对设计变更建议进行技术、经济论证。

工程勘察、设计文件的变更，应委托原勘察、设计单位进行。经原勘察、设计单位书面同意，项目法人也可以委托其他具有相应资质的勘察、设计单位进行修改。修改单位对修改的勘察、设计文件承担相应责任。

重大设计变更文件编制应当满足初步设计阶段的设计深度要求，有条件的可按施工图设计阶段的设计深度进行编制。设计变更报告内容及附件要求如下所列。

(1) 设计变更报告主要内容包括：①工程概况；②设计变更的缘由、依据；③设计变更的项目和内容；④设计变更方案比选及设计；⑤设计变更对工程任务和规模、工程安全、工期、生态环境、工程投资、效益和运行等方面的影响分析；⑥变更方案工程量、投资以及与原初步设计方案变化对比；⑦结论及建议。

(2) 设计变更报告附件包括：①项目原初步设计批复文件；②设计变更方案勘察设计图纸、原设计方案相应图纸；③设计变更相关的试验资料、专题研究报告等。

一般设计变更文件的编制内容，可根据工程具体情况适当简化。

(三) 特殊情况重大设计变更的处理

对需要进行紧急抢险的工程设计变更，项目法人可先组织进行紧急抢险处理，同时通报项目主管部门，并按照《水利工程设计变更管理暂行办法》办理设计变更审批手续，并附相关的资料说明紧急抢险的情形。

若工程在施工过程中不能停工，或不继续施工会造成安全事故或重大质量事故的，经项目法人、勘察设计单位、监理单位同意并签字认可后即可施工，但项目法人应将情况在5个工作日内报告项目主管部门备案，同时按照《水利工程设计变更管理暂行办法》办理设计变更审批手续。

项目法人负责工程设计变更文件的归档工作。项目竣工验收时应当全面检查竣工项目是否符合批准的设计文件要求，未经批准的设计变更文件不得作为竣工验收的依据。

设计变更流程框架如图1-3所示：

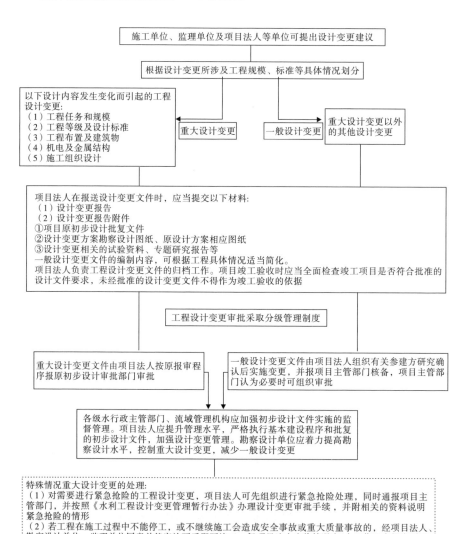

图1-3 设计变更流程

第三节　水利基本建设项目"四制"

一、项目法人责任制[①]

（一）原来执行的制度

根据《关于实行建设项目法人责任制的暂行规定》（计建设〔1996〕673号），水利工程建设项目应当实行项目法人责任制，由项目法人对项目的策划、资金筹措、建设实施、生产经营、债务偿还和资产的保值增值，实行全过程负责。项目法人制的相关要求如下：

（1）新上项目在项目建议书被批准后，应及时组建项目法人筹备组，具体负责项目法人的筹建工作。其中，项目法人筹备组应主要由项目的投资方派代表组成。

（2）有关单位在申报项目可行性研究报告时，须同时提出项目法人的组建方案。否则，其项目可行性研究报告不予审批。

（3）项目可行性研究报告经批准后，正式成立项目法人，并按有关规定确保资本金按时到位，同时及时办理公司设立登记。

（4）国家重点建设项目的公司章程须报国家计委（原国家计划委员会，现改组为国家发展和改革委员会）备案，其他项目的公司章程按项目隶属关系分别报有关部门、地方计委备案。

（二）现在执行的制度

2016年1月1日，《中华人民共和国国家发展和改革委员会令》（第

[①] 参见《关于实行建设项目法人责任制的暂行规定》（计建设〔1996〕673号）、《水利工程建设程序管理暂行规定》（2019年修正）。

31号）宣布废止计建设〔1996〕673号规定后，水利部2019年修正的《水利工程建设程序管理暂行规定》要求进一步推进项目法人责任制的实施。具体包括以下内容：

（1）项目建议书被批准后，应及时组建项目法人筹备机构，开展下一建设程序工作。

（2）可行性研究报告由项目法人（或筹备机构）组织编制。

（3）申报项目可行性研究报告，必须同时提出项目法人组建方案及运行机制、资金筹措方案、资金结构及回收资金的办法。

（4）项目可行性报告批准后，应正式成立项目法人，并按项目法人责任制实行项目管理。

（5）项目可行性研究报告已经批准，年度水利投资计划下达后，项目法人即可开展施工准备工作。

（6）初步设计文件报批前，一般须由项目法人委托有相应资格的工程咨询机构或组织行业各方面（包括管理、设计、施工、咨询等方面）的专家，对初步设计中的重大问题，进行咨询论证。

（7）初步设计由项目法人组织审查后，按国家现行规定权限向主管部门申报审批。

（8）初步设计文件报批前，一般须由项目法人对初步设计中的重大问题组织论证。设计单位根据论证意见，对初步设计文件进行补充、修改、优化。初步设计由项目法人组织审查后，按国家现行规定权限向主管部门申报审批。

（9）建设实施阶段是指主体工程的建设实施，项目法人按照批准的建设文件，组织工程建设，保证项目建设目标的实现。

（10）项目法人或者建设单位应当自工程开工之日起15个工作日内，将开工情况的书面报告报项目主管单位和上一级主管单位备案。

（11）项目法人要充分发挥建设管理的主导作用，为施工创造良好的建设条件。

（12）项目法人应按照建管结合和项目法人责任制的要求，适时做好有关生产准备工作。

（13）当建设项目的建设内容全部完成，并经过单位工程验收（包括工程档案资料的验收），符合设计要求并按《水利基本建设项目（工程）档案资料管理暂行规定》（水利部水办〔1997〕275号）的要求完成了档案资料的整理工作，完成竣工报告、竣工决算等必需文件的编制后，项目法人按《水利工程建设项目管理规定（试行）》（水利部水建〔1995〕128号）规定，向验收主管部门提出申请，根据国家和部颁验收规程组织验收。

（14）项目后评价一般按三个层次组织实施，即项目法人的自我评价、项目行业的评价、计划部门（或主要投资方）的评价。

二、招标投标制[①]

根据国家规定，我们认为水利工程建设项目的勘察设计、施工、监理以及与水利工程建设有关的重要设备、材料采购等应当经过招标投标环节。

（一）符合下列具体范围并达到规模标准之一的水利工程建设项目必须进行招标

1. 具体范围

（1）关系社会公共利益、公共安全的防洪、排涝、灌溉、水力发电、引（供）水、滩涂治理、水土保持、水资源保护等水利工程建设项目。

（2）使用国有资金投资或者国家融资的水利工程建设项目。

（3）使用国际组织或者外国政府贷款、援助资金的水利工程建设项目。

2. 规模标准

（1）施工单项合同估算价在200万元以上的。

（2）重要设备、材料等货物的采购，单项合同估算价在100万元以上的。

（3）勘察设计、监理等服务的采购，单项合同估算价在50万元以上的。

（4）项目总投资额在3000万元以上，但分标单项合同估算价低于本项第（1）、（2）、（3）规定的标准的项目原则上都必须招标。

[①] 参见《水利工程建设项目招标投标管理规定》（2001年水利部令第14号）。

(二) 招标分为公开招标和邀请招标两种方式

在依法必须招标的项目中，国家重点水利项目、地方重点水利项目及全部使用国有资金投资或者国有资金投资占控股或者主导地位的项目应当公开招标，但有下列情况之一的，经批准后可采用邀请招标：

（1）项目总投资额在3000万元人民币以上的项目。

（2）项目技术复杂，有特殊要求或涉及专利权保护，受自然资源或环境限制，新技术或技术规格事先难以确定的项目。

（3）应急度汛项目。

（4）其他特殊项目。

采用邀请招标的，招标前招标人必须履行下列批准手续：

（1）国家重点水利项目经水利部初审后，报国家发展计划委员会（现改组为国家发展和改革委员会）批准；其他中央项目报水利部或其委托的流域管理机构批准。

（2）地方重点水利项目经省、自治区、直辖市人民政府水行政主管部门会同同级发展计划行政主管部门审核后，报本级人民政府批准；其他地方项目报省、自治区、直辖市人民政府水行政主管部门批准。

下列项目可不进行招标，但须经项目主管部门批准。

（1）涉及国家安全、国家秘密的项目。

（2）应急防汛、抗旱、抢险、救灾等项目。

（3）项目中经批准使用农民投工、投劳施工的部分（不包括该部分中勘察设计、监理和重要设备、材料采购）。

（4）不具备招标条件的公益性水利工程建设项目的项目建议书和可行性研究报告。

（5）采用特定专利技术或特有技术的。

（6）其他特殊项目。

(三) 水利工程建设项目招标应当具备的条件

（1）勘察设计招标应当具备的条件：①勘察设计项目已经确定；②勘察设计所需资金已落实；③必需的勘察设计基础资料已收集完成。

（2）监理招标应当具备的条件：①初步设计已经批准；②监理所需资金已落实；③项目已列入年度计划。

（3）施工招标应当具备的条件：①初步设计已经批准；②建设资金来源已落实，年度投资计划已经安排；③监理单位已确定；④具有能满足招标要求的设计文件，已与设计单位签订适应施工进度要求的图纸交付合同或协议；⑤有关建设项目永久征地、临时征地和移民搬迁的实施、安置工作已经落实或已有明确安排。

（4）重要设备、材料招标应当具备的条件：①初步设计已经批准；②重要设备、材料技术经济指标已基本确定；③设备、材料所需资金已落实。

（四）招标工作一般按下列程序进行

（1）招标前，按项目管理权限向水行政主管部门提交招标报告备案。报告具体内容应当包括：招标已具备的条件、招标方式、分标方案、招标计划安排、投标人资质（资格）条件、评标方法、评标委员会组建方案以及开标、评标的工作具体安排等。

（2）编制招标文件。
（3）发布招标信息（招标公告或投标邀请书）。
（4）发售资格预审文件。
（5）按规定日期接受潜在投标人编制的资格预审文件。
（6）组织对潜在投标人资格预审文件进行审核。
（7）向资格预审合格的潜在投标人发售招标文件。
（8）组织购买招标文件的潜在投标人现场踏勘。
（9）接受投标人对招标文件有关问题要求澄清的函件，对问题进行澄清，并书面通知所有潜在投标人。
（10）组织成立评标委员会，并在中标结果确定前保密。
（11）在规定时间和地点，接受符合招标文件要求的投标文件。
（12）组织开标评标会。
（13）在评标委员会推荐的中标候选人中，确定中标人。
（14）向水行政主管部门提交招标投标情况的书面总结报告。
（15）发中标通知书，并将中标结果通知所有投标人。

(16) 进行合同谈判，并与中标人订立书面合同。

（五）关于招标人的相关要求

采用公开招标方式的项目，招标人应当在国家发展计划委员会指定的媒介发布招标公告，其中大型水利工程建设项目以及国家重点项目、中央项目、地方重点项目同时还应当在《中国水利报》发布招标公告，公告正式媒介发布至发售资格预审文件（或招标文件）的时间间隔一般不少于10日。招标人应当对招标公告的真实性负责。招标公告不得限制潜在投标人的数量。

采用邀请招标方式的，招标人应当向3个以上有投标资格的法人或其他组织发出投标邀请书。

投标人少于3个的，招标人应当依照本规定重新招标。招标人应当根据国家有关规定，结合项目特点和需要编制招标文件。

（六）关于投标人的相关要求

（1）投标人必须具备水利工程建设项目所需的资质（资格）。

（2）投标人应当按照招标文件的要求编写投标文件，并在招标文件规定的投标截止时间之前密封送达招标人。在投标截止时间之前，投标人可以撤回已递交的投标文件或进行更正和补充，但应当符合招标文件的要求。

（七）确定中标后

（1）自中标通知书发出之日起30日内，招标人和中标人应当按照招标文件和中标人的投标文件订立书面合同，中标人提交履约保函。双方不得另行订立背离招标文件实质性内容的其他协议。

（2）招标人在确定中标人后，应当在15日之内按项目管理权限向水行政主管部门提交招标投标情况的书面报告。

（3）当确定的中标人拒绝签订合同时，招标人可与确定的候补中标人签订合同，并按项目管理权限向水行政主管部门备案。

三、建设监理制[①]

水利工程建设监理，是指具有相应资质的水利工程建设监理单位，受项目法人（建设单位）委托，按照监理合同对水利工程建设项目实施中的质量、进度、资金、安全生产、环境保护等进行的管理活动，包括水利工程施工监理、水土保持工程施工监理、机电及金属结构设备制造监理、水利工程建设环境保护监理。

（一）水利工程建设项目依法实行建设监理

总投资 200 万元以上且符合下列条件之一的水利工程建设项目，必须实行建设监理。
（1）关系社会公共利益或者公共安全的。
（2）使用国有资金投资或者国家融资的。
（3）使用外国政府或者国际组织贷款、援助资金的。

铁路、公路、城镇建设、矿山、电力、石油天然气、建材等开发建设项目的配套水土保持工程，符合上述条件的，同样需要开展水土保持工程施工监理。其他水利工程建设项目也可以参照执行。

（二）关于监理单位的选择

必须实施建设监理的水利工程建设项目，项目法人应当按照水利工程建设项目招标投标管理的规定，确定具有相应资质的监理单位，并报项目主管部门备案。

监理单位应当按照水利部的规定，取得《水利工程建设监理单位资质等级证书》，并在其资质等级许可的范围内，承揽水利工程建设监理业务。

两个以上具有资质的监理单位，可以组成一个联合体承接监理业务。联合体各方应当签订协议，明确各方拟承担的工作和责任，并将协议提交

---

① 参见《水利工程建设监理规定》（2006 年 12 月 18 日水利部令第 28 号发布，根据 2017 年 12 月 22 日第 49 号《水利部关于废止和修改部分规章的决定》修正）。

项目法人。联合体的资质等级,按照同一专业内资质等级较低的一方确定。联合体中标的,联合体各方应当共同与项目法人签订监理合同,就中标项目向项目法人承担连带责任。

(三) 监理单位监理过程中的注意事项

监理单位应当履行的职责:
(1) 按照监理合同,组织设计单位等进行现场设计交底,核查并签发施工图。未经总监理工程师签字的施工图不得用于施工。
(2) 按照监理规范的要求,采取旁站、巡视、跟踪检测和平行检测等方式实施监理,发现问题应当及时纠正、报告。
(3) 协助项目法人编制控制性总进度计划,审查被监理单位编制的施工组织设计和进度计划,并督促被监理单位实施。
(4) 协助项目法人编制付款计划,审查被监理单位提交的资金流计划,按照合同约定核定工程量,签发付款凭证。

(四) 监理单位应当禁止的行为

(1) 修改工程设计文件。
(2) 与项目法人或者被监理单位串通,弄虚作假、降低工程或者设备质量。
(3) 将质量检测或者检验不合格的建设工程、建筑材料、建筑构配件和设备按照合格签字。

(五) 监理单位的重要性

(1) 未经监理工程师签字,建筑材料、建筑构配件和设备不得在工程上使用或者安装,不得进行下一道工序的施工。
(2) 未经总监理工程师签字,项目法人不得支付工程款。

四、合同管理制[①]

水利项目建设工程的勘察设计、施工、设备材料采购和工程监理都要依法订立合同。各类合同都要有明确的质量要求、履约担保和违约处罚条款。违约方要承担相应的法律责任。

在初步设计阶段，设计单位必须严格保证设计质量，承担初步设计的合同责任。

在生产经营前，应及时具体落实产品销售合同协议的签订，提高生产经营效益，为偿还债务和资产的保值增值创造条件。

项目法人应对合同管理负责：

（1）应当按照监理合同，及时、足额支付监理单位报酬，不得无故削减或者拖延支付。

（2）选好建设监理单位，明确建设监理的职责，委托监理单位对工程建设合同进行具体管理，并依据监理合同对监理活动进行检查。

（3）可以委托监理单位主持分部工程验收，有关委托权限应当在监理合同或者委托书中明确。

（4）组织并主持工程建设项目的招标投标工作，按要求与各承建单位签订合同，对工程合同进行宏观管理。

根据《中华人民共和国民法典》有关规定，合同中的下列免责条款无效：①造成对方人身损害的；②因故意或者重大过失造成对方财产损失的。

[①] 参见《水利工程建设程序管理暂行规定》（1998年发布，2014年第一次修正，2016年第二次修正，2017年第三次修正，2019年第四次修正）、《水利工程建设监理规定》（2016年12月18日水利部令第28号发布，根据2017年12月22日第49号《水利部关于废止和修改部分规章的决定》修正）、《关于实行建设项目法人责任制的暂行规定》（计建设〔1996〕673号）、《水利工程建设项目验收管理规定》（2006年发布，2014年第一次修正，2016年第二次修正，2017年第三次修正）、《中华人民共和国民法典》。

第四节　基本建设项目档案管理[①]

一、总则

（1）建设单位对项目档案工作负总责，实行统一管理、统一制度、统一标准。业务上接受档案行政管理部门和上级主管部门的监督和指导。

（2）建设单位与参建单位应加强项目档案管理，配备项目档案工作所需人员、经费、设施设备等各项管理资源。

（3）项目档案工作应融入项目建设，与项目建设管理同步，纳入项目建设计划、质量保证体系、项目管理程序、合同管理和岗位责任制。

（4）建设单位及各参建单位应加强项目文件过程管理，通过节点控制强化项目文件管理，实现从项目文件形成、流转到归档管理的全过程控制。

（5）项目档案应完整、准确、系统、规范和安全，满足项目建设、管理、监督、运行和维护等活动在证据、责任和信息等方面的需要。

二、项目文件管理

（一）项目文件形成

（1）项目前期文件、管理性文件应符合国家有关法律法规、相关行业的规定；工程技术文件应符合国家、行业有关技术规范和标准的规定。

（2）重要活动及事件、原始地形地貌、建设过程中的工程形象进度、隐蔽工程、关键节点工序、重要部位、地质及施工缺陷处理、工程质量、安全事故、重要芯样等应形成照片和音视频文件。

（3）项目文件应格式规范、内容准确、清晰整洁、编号规范、签字及

[①] 来源：《建设项目档案管理规范》（DA/T 28—2018）。

盖章手续完备并满足耐久性要求。

(4) 归档的项目文件应为原件。因故用复制件归档时，应加盖复制件提供单位的公章或档案证明章，确保与原件一致。

(二) 竣工图编制

1. 竣工图编制要求

(1) 工程竣工时应编制竣工图，竣工图一般由施工单位负责编制。

(2) 竣工图应完整、准确、规范、清晰、修改到位，真实反映项目竣工时的实际情况。

(3) 应将设计变更、工程联系单、技术核定单、洽商单、材料变更、会议纪要、备忘录、施工及质检记录等涉及变更的全部文件汇总后经监理审核，作为竣工图编制的依据。

(4) 竣工图应依据工程技术规范按单位工程、分部工程、专业编制，并配有竣工图编制说明和图纸目录。

竣工图编制说明的内容应包括竣工图涉及的工程概况、编制单位、编制人员、编制时间、编制依据、编制方法、变更情况、竣工图张数和套数等。

(5) 按施工图施工没有变更的，由竣工图编制单位在施工图上逐张加盖并签署竣工图章（见附录 A 的图 A-1）。

(6) 凡一般性图纸变更且能在原施工图上修改补充的，可直接在原图上修改，并加盖竣工图章。在修改处应注明修改依据文件的名称、编号和条款号，无法用图形、数据表达清楚的，应在图框内用文字说明。

(7) 有下述情形之一时应重新绘制竣工图：①涉及结构形式、工艺、平面布置、项目等重大改变；②图面变更面积超过 20%；③合同约定对所有变更均需重绘或变更面积超过合同约定比例。

重新绘制竣工图应按原图编号，图号末尾加注"竣"字，或在新图标题栏内注明"竣工阶段"。重新绘制竣工图图幅、比例、字号、字体应与原图一致。

(8) 施工单位重新绘制的竣工图，标题栏应包含施工单位名称、图纸名称、编制人、审核人、图号、比例尺、编制日期等标识项，并逐张加盖监理单位相关责任人审核签字的竣工图审核章（见附录 A 的图 A-2）。

（9）行业规定设计单位编制或建设单位、施工单位委托设计单位编制竣工图，应在竣工图编制说明、图纸目录和竣工图上逐张加盖并签署竣工图审核章。

（10）同一建筑物、构筑物重复的标准图、通用图可不编入竣工图中，但应在图纸目录中列出图号，指明该图所在位置并在竣工图编制说明中注明；不同建筑物、构筑物应分别编制竣工图。

（11）建设单位应负责组织或委托有资质的单位编制项目总平面图和综合管线竣工图。

（12）用施工图编制竣工图的，应使用新图纸，不得使用复印的白图编制竣工图。

（13）竣工图章、竣工图审核章应使用红色印泥，盖在标题栏附近空白处。

（14）竣工图应按 GB/T 10609.3—2009 的规定统一折叠。

2. 竣工图的审核和签署

（1）竣工图编制完成后，监理单位应对竣工图编制的完整、准确、系统和规范情况进行审核。

（2）竣工图章、竣工图审核章中的内容应填写齐全、清楚，由相关责任人签字，不得代签；经建设单位同意，可盖执业资格印章代替签字。

（3）若是涉外项目，外方提供的竣工图应由外方相关责任人签字确认。

3. 竣工图套数

（1）竣工图套数应满足项目建设单位、运行管理单位、项目主管单位或其他有关单位及部门的需要。

（2）竣工图套数应符合合同条款约定和有关规定。

（三）项目文件的收集与整理

1. 收集

（1）项目建设过程中形成的、具有查考利用价值的各种形式和载体的项目文件均应收集齐全。

（2）建设单位应依据附录 B 的表 B-1，结合项目建设内容、行业特点、管理模式等特征制定符合项目实际的归档范围和保管期限表。

（3）项目文件在办理完毕后应及时收集，并实行预立卷制度。

2. 整理

（1）项目文件应由文件形成单位或部门进行整理。整理工作包括项目文件价值鉴定、分类、组卷、排列、编目、装订等内容。

（2）项目文件整理应遵循项目文件的形成规律和成套性特点，保持卷内文件的有机联系，分类科学，组卷合理，便于保管和利用。

（3）项目文件应依据归档范围进行鉴定，确定其是否归档。

（4）项目文件应按照形成阶段、专业、内容等特征进行分类。

（5）项目文件组卷。项目前期文件、项目管理文件按事由结合时间顺序组卷，其中招标投标、合同文件按招标的标段、合同组卷，勘察设计文件按阶段、专业组卷；施工技术文件按单位工程、分部工程或装置、阶段、结构、专业组卷；信息系统开发文件按应用系统组卷；设备文件按专业、系统、台套组卷；监理（监造）文件按监理（监造）的合同标段、事由结合文种组卷；科研项目文件按科研项目（课题）组卷；生产准备、试运行、竣工验收文件按工程阶段、事由结合时间顺序组卷。

卷内文件一般印件在前，定稿在后；正件在前，附件在后；复文在前，来文在后；文字在前，图样在后。

（6）项目案卷排列。项目前期文件、项目管理性文件按主题、事由排列；施工文件按综合管理、施工技术支撑、施工（安装）记录、检测试验、评定验收排列；信息系统开发文件按需求、设计、实施、测试、运行、验收排列；设备文件按质量证明、开箱验收、随机文件、安装调试、检测试验和运行维修排列；监理（监造）文件按依据性、工作性文件顺序排列；科研项目文件按开题、方案论证、研究实验、阶段成果、结题验收排列；生产准备、试运行、竣工验收文件按主题、事由排列。

（7）案卷编目、案卷装订、卷盒、表格规格及制成材料应符合 GB/T 11822—2008 的规定。采用整卷装订的案卷，应对卷内文件连续编页号。

（8）纸质照片的整理应符合 GB/T 11821—2002 的规定，数码照片可参照 DA/T 50—2014 的规定。

（9）录音带、录像带等磁性载体文件的整理应符合 DA/T 15—1995 的规定。

（10）实物档案依据分类方案按件进行整理。芯样的整理应符合行业规范规定。

（四）归档

（1）项目文件应及时归档。前期文件在相关工作结束时归档；管理性文件宜按年度归档，同一事由产生的跨年度文件应在办结年度归档；施工文件应在项目完工验收后归档，建设周期长的项目可分阶段或按单位工程、分部工程归档；信息系统开发文件应在系统验收后归档；监理（监造）文件应在监理（监造）的项目完工验收后归档；科研项目文件应在结题验收后归档；生产准备、试运行文件应在试运行结束时归档；竣工验收文件在验收通过后归档。

（2）归档文件质量应符合前文"（一）项目文件形成"和"（二）竣工图编制"的相关规定。

（3）施工文件组卷完毕经施工单位自查后（实行总承包的项目，分包单位应先提交总承包单位进行审查），依次由监理单位、建设单位工程管理部门、建设单位档案管理机构进行审查；信息系统文件组卷完毕后提交监理单位、建设单位信息化管理部门、档案管理机构进行审查；监理文件和第三方检测文件组卷完毕并自查后，依次由建设单位工程管理部门和档案管理机构进行审查。每个审查环节均应形成记录和整改闭环。

（4）建设单位各部门形成的文件组卷完毕，经部门负责人审查合格后，提交建设单位档案管理机构归档。

（5）归档单位（部门）应按建设单位档案管理机构要求，编制交接清册（含交接手续、档案数量、案卷目录），双方清点无误后交接归档。

三、项目档案管理

（一）项目档案整理

（1）建设单位应结合有关规定、行业特点和项目实际来制定项目档案分类方案。档案分类方案应符合逻辑性、实用性、可扩展性的原则并保持相对稳定。

（2）建设单位档案机构依据项目档案分类方案对全部项目档案进行统一汇总整理和排列上架。记录工程部位的音像档案，宜先与该单位工程的纸质档案统一编号,再与其他音像档案集中存放保管。

(3)建设单位档案机构应编制项目档案案卷目录,并参照 DA/T 12—2012 的规定建立项目档案管理卷。

(二)项目档案的鉴定

(1)建设单位档案机构应依据保管期限表对档案进行价值鉴定,确定其保管期限,同一卷内有不同保管期限的文件时,该卷保管期限应从长。

(2)项目档案保管期限分为永久和定期两种,定期一般分为 30 年和 10 年。

(三)项目档案的保管

(1)建设单位和参建单位应为项目档案的安全保管提供必要的设施设备,确保档案安全。

(2)建设单位档案库房应符合防火、防盗、防水、防潮、防高温、防紫外线照射、防尘、防有害生物(霉、虫、鼠)的要求。档案管理机构应建立档案库房管理制度,加强日常库房管理。

(四)项目档案的利用

(1)建设单位应建立档案利用制度,对利用的范围、对象、审批办法等做出规定。

(2)利用档案原件一般在阅览室查阅,并反馈利用效果。

(3)建设单位档案管理机构应根据项目建设和运行管理的需要编制必要的编研材料,如专题文件汇编、项目大事记、常用图集、专题研究等。

(五)项目档案的统计

建设单位档案管理机构应对档案接收、保管、利用等情况进行统计并建立统计台账。

附录 A： 竣工图章、 竣工图审核章式样

图 A-1 和图 A-2 给出了竣工图章、竣工图审核章的式样。

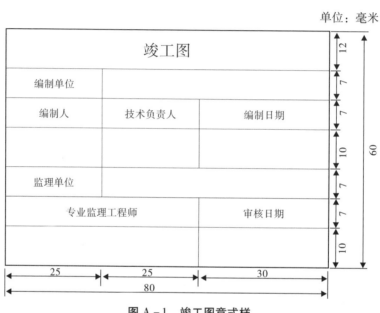

图 A-1 竣工图章式样

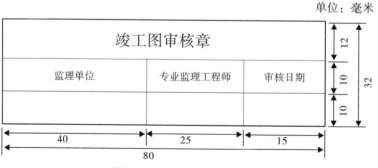

图 A-2 竣工图审核章式样

附录 B： 建设项目文件归档范围和保管期限表

表 B-1　建设项目文件归档范围和保管期限表

序号	归档文件	保管期限
1	**立项文件**	
1.1	项目策划、筹备文件	永久
1.2	项目建议书、预可行性研究报告、可行性研究报告、初步设计及投资概算审批文件	永久
1.3	项目咨询、评估、论证文件	永久
1.4	项目审批、核准、备案申请报告及批复、补充文件、项目变更调整文件	永久
1.5	项目规划选址、环境影响、水土保持、职业安全卫生、节能、消防、建设用地用海、文物、地震安全性评价、压覆矿产资源、林地、水资源等专项报审批复文件	永久
1.6	水、暖、电、气、通信、排水等审批、配套协议	永久
1.7	大宗原材料、燃料供应等协议	永久
2	**招标投标、合同协议文件**	
2.1	招标计划及审批文件、招标公告、招标书、招标修改文件、答疑文件、招标委托合同、资格预审文件	30 年
2.2	中标的投标书，澄清、修正补充文件	永久
2.3	未中标的投标文件（或作资料保存）	10 年（或项目审计完成）
2.4	开标记录、评标人员签字表、评标纪律、评标办法、评标细则、打分表、汇总表、评审意见	30 年

（续上表）

序号	归档文件	保管期限
2.5	评标报告、定标文件、中标通知书	永久
2.6	市场调研、技术经济论证采购活动记录、谈判文件、询价通知书、响应文件，供应商的推荐、评审、确定文件，政府采购、竞争性谈判、单一来源采购协商记录、质疑答复	30年
2.7	合同准备、谈判、审批文件，合同书、协议书，合同执行、合同变更、合同索赔、合同了结文件、合同台账	永久
3	**勘察、设计文件**	
3.1	工程选址报告，地质、水文勘察报告，地质图、地形图，化验、试验报告，重要土、岩样及说明	永久
3.2	地形、地貌、控制点、建筑物、构筑物及重要设备安装测量定位、观测监测记录	永久
3.3	气象、地震等其他设计基础资料	永久
3.4	总体规划论证、审批文件	永久
3.5	方案论证、设计及审批文件	永久
3.6	技术设计审查文件、招标设计报告及审查文件	永久
3.7	施工图设计审查文件、供图计划	永久
3.8	施工图、施工技术要求、设计通知、设计月报	30年
3.9	技术秘密、专利文件	永久
3.10	特种设备设计计算书	30年
3.11	关键技术设计、试验文件、设计接口及设备接口文件	永久
3.12	设计评价、鉴定	永久
4	**征地、拆迁、移民文件**	
4.1	建设用地评估报告、用地申请审批文件，征用土地协议、土地划拨、置换批准文件，建设征地规划设计报告及审查意见，建设规划用地许可证、国有土地使用证、海域（海岛）使用证、林权证、不动产权证等	永久
4.2	拆迁方案、拆迁评估、拆迁补偿、拆迁实施验收文件	永久

(续上表)

序号	归档文件	保管期限
4.3	淹没实物指标调查材料,移民安置规划、方案及审批,移民补偿计划,移民安置合同协议,项目建设的招投标、合同、安置实施、项目验收文件,实物补偿、资金补偿、决算、审计等移民资金管理文件,移民监理文件,移民安置验收文件	永久
4.4	建设前原始地貌、征地拆迁、移民安置音像材料	永久
5	**项目管理文件**	
5.1	项目建设管理组织机构成立、调整文件	永久
5.2	项目管理人员任免文件	永久
5.3	项目各项管理的管理制度、业务规范、工作程序以及质保体系文件	永久
5.4	投资、质量、进度、安全、环保等计划、实施、调整、总结文件,重大设计变更申请、审核及批复文件	永久
5.5	贷款融资、工程概算、预算、差价管理、标底、合同价、竣工结算、竣工决算文件,审计文件	永久
5.6	合同中间结算审核及批准文件,财务计划及执行、年度计划及执行、年度投资报告	30年
5.7	交付使用的固定资产、流动资产、无形资产、递延资产清册	永久
5.8	质量、安全、环保、文明施工等专项检查考核文件,履约评价文件,质量监督、安全监督文件	30年
5.9	重要领导视察、重要活动及宣传报道材料	永久
5.10	项目管理重要会议文件、年度工作总结	永久
5.11	监管部门制发的重要工作依据性文件,涉及法律事务文件	永久
5.12	组织法律法规、标准规范、制度程序宣贯培训文件,信息化工作文件	10年
5.13	通知、通报等日常管理性文件,一般性来往函件	30年

（续上表）

序号	归档文件	保管期限
5.14	获得奖项、荣誉以及先进人物等材料	永久
6	**施工文件**	
6.1	建筑施工文件	
6.1.1	施工项目部组建、印章启用、人员任命文件，进场人员资质报审文件，施工设备仪器进场报审文件，设备仪器校验及率定文件，开工报告、项目划分、工程技术要求、技术（安全）交底、图纸会审文件	永久
6.1.2	施工组织设计、施工方案及报审文件，施工计划、施工技术及安全措施、施工工艺及报审文件	永久
6.1.3	工地实验室成立、资质、授权文件，外委试验协议、资质文件，原材料及构配件出厂证明、质量鉴定、复试报告及报审文件，试验检验台账	30年
6.1.4	见证取样记录、砂浆、混凝土试验记录及报告，钢筋连接接头试验报告，工艺试验方案、试验成果报告，锚杆检测报告、地基承载力检测记录及报告、压实度检测记录及报告，桩身及桩基检测报告，防水渗漏试验检查记录，节能保温测试记录、室内环境检测等技术试验检测记录和报告，成品及半成品试验检验台账等	永久
6.1.5	设计变更通知、变更洽商单、材料代用核定审批、技术核定单、工程联系单、备忘录、工程变更台账	永久
6.1.6	交桩记录、施工定位、测量放线记录及报审文件	永久
6.1.7	施工勘察报告、岩土试验报告、地基验槽记录、工程地基处理记录等	永久
6.1.8	各类工程记录及测试、监测记录、报告	永久
6.1.9	质量检查、评定文件，事故处理报告、缺陷处理记录及台账	永久

(续上表)

序号	归档文件	保管期限
6.1.10	隐蔽工程检查验收记录、交工验收记录、验收评定、验收评定台账	永久
6.1.11	竣工图及竣工图编制说明	永久
6.1.12	施工日志、月报、年报、大事记	30年
6.1.13	施工总结、完工报告、交工报告、验收证书、遗留问题清单	永久
6.1.14	施工音像材料	永久
6.2	设备及管线安装施工文件	
6.2.1	施工项目部组建、印章启用、人员任命文件，进场人员资质报审文件，施工设备仪器进场报审文件，设备仪器校验及率定文件，开工报告、项目划分、工程技术要求、技术（安全）交底、图纸会审文件	永久
6.2.2	施工组织设计、施工方案及报审文件，施工计划、施工技术及安全措施、施工工艺及报审文件	永久
6.2.3	工地实验室成立、资质、授权文件，外委试验协议、资质文件，原材料及构配件出厂证明、质量鉴定、复试报告及报审文件，试验检验台账	30年
6.2.4	设计变更通知、变更洽商单、材料、零部件、设备代用审批、技术核定单、工程联系单、备忘录、工程变更台账	永久
6.2.5	焊接工艺评定报告，焊接试验记录、报告，施工检验记录、报告，探伤检测、测试记录、报告，管道单线图（管段图）	永久
6.2.6	强度、密闭性等试验检测记录、报告，联动试车方案、记录、报告	30年
6.2.7	隐蔽工程检查验收记录、交工验收记录、验收评定、验收评定台账	永久
6.2.8	管线标高、位置、坡度测量记录	永久

(续上表)

序号	归档文件	保管期限
6.2.9	管线清洗、试压、通水、通气、消毒等记录	30年
6.2.10	安装记录、安装质量检查、评定，事故处理报告、缺陷处理记录及台账	永久
6.2.11	竣工图及竣工图编制说明	永久
6.2.12	施工日志、月报、年报，大事记	30年
6.2.13	施工总结、完工报告、交工报告、验收证书、遗留问题清单	永久
6.2.14	施工音像材料	永久
6.3	电气、仪表安装施工文件	
6.3.1	施工项目部组建、印章启用、人员任命文件，进场人员资质报审文件，施工设备仪器进场报审文件、设备仪器校验及率定文件，开工报告、项目划分、工程技术要求、技术（安全）交底、图纸会审文件	永久
6.3.2	施工组织设计、施工方案及报审文件，施工计划、施工技术及安全措施、施工工艺及报审文件	永久
6.3.3	工地实验室成立、资质、授权文件，外委试验协议、资质文件，原材料及构配件出厂证明、质量鉴定、复试报告及报审文件，试验检验台账	30年
6.3.4	设计变更通知、变更洽商单、材料、零部件、设备代用审批、技术核定单、工程联系单、备忘录、工程变更台账	永久
6.3.5	绝缘、接地电阻等性能测试、校核	30年
6.3.6	材料、设备明细表及检验记录、施工安装记录、质量检查评定、电气试验检验台账	永久
6.3.7	系统调试方案、记录、报告，电气装置交接记录	30年
6.3.8	交工验收记录、质量评定、验收评定台账、事故处理报告、缺陷处理记录及台账	永久
6.3.9	竣工图及竣工图编制说明	永久

（续上表）

序号	归档文件	保管期限
6.3.10	施工日志、月报、年报、大事记	30年
6.3.11	施工总结、完工报告、交工报告、验收证书、遗留问题清单	永久
6.3.12	施工音像材料	永久
7	**信息系统开发文件**	
7.1	设计开发文件	
7.1.1	需求调研计划、需求分析、需求规格说明书、需求评审	30年
7.1.2	设计开发方案、概要设计及评审、详细设计及评审文件	30年
7.1.3	数据库结构设计、编码计划、代码编写规范、模块开发文件信息资源规划、数据库设计、应用支撑平台、应用系统设计、网络设计、处理和存储系统设计、安全系统设计、终端、备份、运维系统设计文件	30年
7.1.4	信息系统标准规范	10年
7.2	实施文件	
7.2.1	实施计划、方案及批复文件，源代码及说明、代码修改文件、网络系统、二次开发支持文件、接口设计说明书	30年
7.2.2	程序员开发手册、用户使用手册、系统维护手册	30年
7.2.3	安装文件、系统上线保障方案，测试方案及评审意见、测试记录、报告，试运行方案、报告	30年
7.3	信息安全评估、系统开发总结、验收交接清单、验收证书	30年
8	**设备文件**	
8.1	工艺设计、说明、规程、试验、技术报告	永久
8.2	自制专用设备任务书、设计、检测、鉴定	永久
8.3	设备设计文件、出厂验收、商检、海关文件	永久
8.4	设备、材料装箱单、开箱记录、工具单、备品备件单	30年

（续上表）

序号	归档文件	保管期限
8.5	设备台账、备品备件目录、设备图纸，设备制造检验检测、出厂试验报告、产品质量合格证明、安装及使用说明、维护保养手册	永久
8.6	设备制造探伤、检测、测试、鉴定的记录、报告	永久
8.7	设备变更、索赔文件	永久
8.8	设备质保书、验收、移交文件	永久
8.9	特种设备生产安装维修许可、监督检验证明、安全监察文件	永久
8.10	设备运行使用、检修维护文件	永久
9	**监理文件**	
9.1	监理（监造）项目部组建、印章启用、监理人员资质，总监任命、监理人员变更文件	永久
9.2	施工监理文件	
9.2.1	监理大纲、监理规划、监理实施细则	永久
9.2.2	施工单位资质报审，施工管理人员、特种作业人员报审，施工设备仪器报审	永久
9.2.3	施工组织设计、施工方案、专项措施报审，施工计划进度、延长工期报审，开工、复工报审，开工令、暂停令、复工令	永久
9.2.4	原材料、构配件、设备报验	30年
9.2.5	单元工程检查及开工签证、分部分项工程质量验收，混凝土开盘鉴定（开仓签证）、混凝土浇灌申请批复	30年
9.2.6	监理检查、复检、实验记录、报告	30年
9.2.7	旁站记录、见证取样、平行检验、抽检文件，质量缺陷、事故处理、安全事故报告	永久
9.2.8	测量控制成果报验及复核文件，质量、施工文件等检查报验，质量检查评估报告、阶段验收、竣工验收监理文件	永久

（续上表）

序号	归档文件	保管期限
9.2.9	工程计划、实施、分析统计、完成报表	30年
9.2.10	工程计量、支付审批、工程变更审查、索赔文件	永久
9.2.11	监理通知单、回复单、工作联系单、来往函件	永久
9.2.12	监理例会、专题会等会议纪要、备忘录	永久
9.2.13	监理日志、月报、年报	30年
9.2.14	监理工作总结、质量评估报告、专题报告	永久
9.3	设备监造文件	
9.3.1	监理大纲、监理规划、监理实施细则	永久
9.3.2	设备制造单位质量管理体系报审，设备制造的计划、延长工期报审，开工、复工报审，工艺方案、控制节点、检验计划报审	30年
9.3.3	原材料、外购件等质量证明文件报审，分包单位资格报审文件，试验、检验记录及报告	30年
9.3.4	开工令、暂停令、复工令	永久
9.3.5	监造通知单、回复单、工作联系单、来往函件	永久
9.3.6	变更报审	永久
9.3.7	关键工序、零部件旁站记录、见证取样、平行检验、独立抽检文件	30年
9.3.8	质量缺陷、事故处理、安全事故报告	永久
9.3.9	设备制造支付、造价调整、结算审核、索赔文件	永久
9.3.10	监造例会、专题会会议纪要、备忘录，来往文件、报告	永久
9.3.11	设备出厂验收、交接文件	永久
9.3.12	监造日志、月报、年报	永久
9.3.13	设备监造工作总结、专题报告	永久
9.4	监理（监造）工作音像材料	永久
10	**科研项目文件**	

（续上表）

序号	归档文件	保管期限
10.1	科研项目（技术咨询服务）立项文件，科研项目计划、批准文件	永久
10.2	科研项目（技术咨询服务）合同、协议、任务书	永久
10.3	研究方案、计划、调查研究、开题报告	永久
10.4	试验方案、记录、图表、数据、照片、音像	永久
10.5	实验计算、分析报告、阶段报告	永久
10.6	实验装置及特殊设备图纸、工艺技术规范说明书	30年
10.7	实验操作规程、事故分析报告	30年
10.8	技术评审、考察报告、研究报告、结题验收报告，会议文件	永久
10.9	成果申报、鉴定、获奖及推广应用材料	永久
10.10	获得的专利、著作权等知识产权文件	永久
11	**生产技术准备、试运行文件**	
11.1	技术准备计划、方案及审批文件	永久
11.2	试生产、试运行管理、技术规程规范	30年
11.3	试生产、试运行方案、操作规程、作业指导书、运行手册、应急预案	30年
11.4	试车、验收、运行、维护记录	30年
11.5	试生产产品质量鉴定报告	30年
11.6	缺陷处理、事故分析记录、报告	永久
11.7	试生产工作总结、试运行考核报告	永久
11.8	技术培训材料	10年
11.9	产品技术参数、性能、图纸	永久
11.10	环保、水保、消防、职业安全卫生等运行检测监测记录、报告	10年
12	**竣工验收文件**	
12.1	项目各项管理工作总结	永久

(续上表)

序号	归档文件	保管期限
12.2	设计工作报告、监理工作报告、施工管理报告、采购工作报告、总承包管理报告、建设管理报告、运行管理报告	永久
12.3	项目安全鉴定报告、质量检测评审鉴定文件、质量监督报告	永久
12.4	同行评估报告、阶段验收文件	永久
12.5	环境保护、水土保持、消防、职业安全卫生、档案、移民安置、规划、人防、防雷等专项验收申请及批复文件,决算审计报告	永久
12.6	竣工验收大纲、验收申请、验收报告	永久
12.7	验收组织机构、验收会议文件、签字表,验收意见、备忘录、验收证书	永久
12.8	验收备案文件、运行申请、批复文件、运行许可证书	永久
12.9	项目评优报奖申报材料、批准文件及证书	永久
12.10	项目后评价文件	永久
12.11	项目专题片、验收工作音像材料	永久

第二章 水利建设项目的会计核算与竣工财务决算编制

第一节 政府会计制度对水利基本建设项目会计核算的影响

水利基本建设是国民经济的主要建设领域,根据《财政部关于印发〈政府会计制度——行政事业单位会计科目和报表〉的通知》(财会〔2017〕25号),2019年行政与事业单位开始施行政府会计制度,不再执行基本建设会计制度,这对其会计核算提出了新的、更高的要求。

一、重构了政府会计核算模式

在系统总结分析传统单系统预算会计体系利弊的基础上,《政府会计制度》按照《国务院关于批转财政部权责发生制政府综合财务报告制度改革方案的通知》和《政府会计准则——基本准则》的要求,使财务会计和预算会计适度分离并相互衔接的会计核算模式在制度层面真正落地。"适度分离"是指适度分离政府预算会计和财务会计功能,以及决算报告和财务报告功能,以便全面反映政府会计主体的预算执行信息和财务信息。"相互衔接"是指统一会计核算系统中政府预算会计要素和相关财务会计要素,使它们相互协调,使决算报告和财务报告相互补充,共同反映政府会计主体的预算执行信息和财务信息。这主要体现在以下两个方面。

一是对纳入部门预算管理的现金收支进行"平行记账"。对于纳入部门预算管理的现金收支业务,在进行财务会计核算的同时,也应当进行预算会计核算。对于其他业务，仅需要进行财务会计核算。

二是财务报表与预算报表之间存在钩稽关系。通过编制"本期预算结余与本期盈余调节表"并在附注中进行披露，反映单位财务会计和预算会计因核算基础和核算范围不同所产生的本年盈余数（即本期收入与费用之间的差额）与本年预算结余数（本年预算收入和预算支出的差额）之间的差异，从而揭示财务会计与预算会计的内在联系。

这种会计核算模式既兼顾了现行部门决算报告制度的需要，又满足了部门编制权责发生制财务报告的要求，对于规范政府会计行为、夯实政府会计主体预算和财务管理基础、强化政府绩效管理具有深远意义。

二、整合了基建会计核算

《政府会计制度》依据《基本建设财务规则》和相关预算管理规定，在充分吸收《国有建设单位会计制度》合理内容的基础上对单位建设项目的会计核算进行了规定。单位对基本建设投资按照《政府会计制度》的规定统一进行会计核算，不再单独建账，"在建工程"设置"建筑安装工程投资""设备投资""待摊投资""其他投资""待核销基建支出""基建投资"等明细科目，并按照具体项目进行明细核算，这大大简化了单位基本建设业务的会计核算程序，有利于提高单位会计信息的完整性。

三、强化了财务会计的功能

《政府会计制度》在财务会计核算中全面引入了权责发生制，在会计科目设置和账务处理中强化了财务会计功能，例如对固定资产提取折旧以解决基本建设单位虚增资产的问题，引入公共基础设施、保障性住房等会计科目以适应各行业单位的会计核算。《政府会计制度》的施行，为水利基本建设单位与国际政府会计接轨奠定了基础。会计科目的设置和会计报表能准确反映水利基本建设单位的财务情况，增强会计信息的清晰度。

四、科学设置明细科目与辅助核算项

《政府会计准则制度解释第 2 号》指出："单位按照《政府会计制度》

对基本建设项目进行会计核算的，应当通过在有关会计科目下设置与基本建设项目相关的明细账或增加标记，或设置基建项目辅助账等方式，满足基本建设项目竣工决算报表编制的需要。"例如，在"在建工程"科目中，下设"建筑安装工程投资""设备投资""待摊投资""其他投资"等明细科目，其中，"建筑安装工程投资"下设"建筑工程"和"安装工程"两个明细科目，然后，按照概算一级项目和二级项目进行明细核算。另外，对于采用现场机构管理模式的项目法人，为便于成本和费用的考核和分析，应将"建筑安装工程投资"等科目设置为部门辅助核算。预付账款、应付账款和其他应付款（履约保证金和质量保证金）设置为单位往来、项目和部门三项辅助核算。对于水利基本建设单位，要加深"在建工程"科目的核算深度，按批复的概算明细对应设置相关明细科目与辅助核算项，既满足竣工决算报表编制的需要，又有利于投资控制和成本核算。

以设计变更和概算调整为例，由于技术进步、项目管理等因素的变动，设计变更和概算调整项目在整个建设过程中是不可避免的。这些变动在经过审批后，会影响工程造价以及后续的会计核算工作。

工程项目虽然在前期经过勘察、设计、研究等步骤，也对很多相关情况进行了仔细考察，但是因为工程建设周期较长，其建设过程中可能遇到现实状况与初步设计大不相同的情况，这就难以避免工程变更的发生。而工程变更的直接后果就是引起工程造价的变动，且往往带来的是工程造价的提高。同时，这种造价的变动也很可能不在项目概算的范围内，即带来了项目超概算状况的发生，耽搁了工程后续环节的进行。

第二节　新旧会计制度介绍

根据《财政部关于贯彻实施政府会计准则制度的通知》（财会〔2018〕21号），自2019年1月1日起，政府会计准则制度在全国各级各类行政事业单位全面施行。其中，与在建工程转固定资产相关的政府会计准则制度有《政府会计准则——基本准则》《政府会计准则第3号——固定资产》《政府会计准则第5号——公共基础设施》《政府会计制度——行政事业单位会计科目和报表》等。

执行政府会计准则制度的单位，不再执行《事业单位会计准则》（财政部令第 72 号）、《行政单位会计制度》（财库〔2013〕218 号）、《事业单位会计制度》（财会〔2012〕22 号）、《国有建设单位会计制度》（财会字〔1995〕45 号）等会计制度。

一、政府会计出纳财务会计与预算会计平行记账

各类行政单位和事业单位（以下统称"单位"，特别说明除外）会计核算应当具备财务会计和预算会计双重功能，实现财务会计和预算会计适度分离并相互衔接，全面清晰反映单位财务信息和预算执行信息。① 因此，单位应采取财务会计与预算会计平行记账。

"平行记账"就是，所有原始凭证均纳入财务会计账套，通过财务会计账套来实现政府会计主体账、证、表、实四大要素核对相符；预算会计的账务处理是在财务会计账务处理基础之上"平行"进行的。"平行记账"这种方式能够使财务会计、预算会计两个体系更加具有系统性、逻辑性和完整性。②

（一）平行记账的原则

单位对于纳入部门预算管理的现金收支业务，在采用财务会计核算的同时应当进行预算会计核算；对于其他业务，仅需进行财务会计核算，这明确了预算会计核算的经济业务范围。从资金核算的范围上，其不仅包含财政资金，还包括其他纳入单位预算管理的资金。

（二）需要进行平行记账的判断

需要注意的是，单位并不是所有的现金流入流出业务都需要在预算会计体系中核算。实务中经济业务是否需要在预算会计中核算，可以按照以

---

① 参见《政府会计制度——行政事业单位会计科目和报表》第一部分总说明。
② 参见陶慧平、迟元霞主编《政府会计制度：事业单位会计实务指引》，中国财政经济出版社 2019 年版。

下两个层次判断：第一个层次是，该业务是不是现金收支业务，如果不是，则不需要进行预算会计核算，仅需在财务会计中核算；第二个层次是，如果该业务是现金收支业务，则进一步判断这一收支业务是否纳入部门预算管理，如果纳入，则在预算会计中核算。

1. 现金收支业务

这里的现金，并不仅指库存现金，而是一个广义的现金概念，具体包括库存现金、零余额账户用款额度、银行存款、财政应返还额度、其他货币资金、通过财政直接支付方式交付的款项。

通过财政直接支付方式支付的款项，就是对应"财政拨款收入"科目的增加。一般情况下，对于财务会计下"财政拨款收入""零余额账户用款额度""财政应返还额度""库存现金""银行存款"和"其他货币资金"这六个会计科目发生增减变动，不涉及结转业务时，在预算会计下应同时进行会计处理，即"平行记账"。

2. 纳入部门预算管理

《关于进一步做好政府会计准则制度新旧衔接和加强行政事业单位资产核算的通知》（财会〔2018〕34号）文件规定，单位应当按照部门综合预算管理的要求，对纳入部门预算管理的全部现金收支业务进行预算会计核算。未纳入年初批复的预算但纳入决算报表编制范围的非财政拨款收支，应当进行预算会计核算。未纳入部门预决算管理范围的事业单位，可以不执行《政府会计制度——行政事业单位会计科目和报表》中的预算会计内容，只执行财务会计内容。也就是说，纳入部门预决算管理范围的收入、支出，就要进行预算会计的核算；不纳入部门预决算管理范围的收入、支出，就不要进行预算会计的核算。根据《中华人民共和国预算法实施条例》（中华人民共和国国务院令第729号）第二章中对预算收支范围的规定可知，水利建设项目的相关支出包含其中，因此下文对新旧政府会计制度的衔接介绍将包含财务会计和预算会计两部分。

二、新旧会计制度的差异对比与分析

(一)"固定资产"科目对比

1.《行政单位会计制度》(财库〔2013〕218号)

(1) 自行建造的固定资产,其成本包括建造该项资产至交付使用前所发生的全部必要支出。固定资产的各组成部分需要分别核算的,按照各组成部分固定资产造价确定其成本;没有各组成部分固定资产造价的,按照各组成部分固定资产同类或类似固定资产市场造价的比例对总造价进行分配,确定各组成部分固定资产的成本。

工程完工交付使用时,按照自行建造过程中发生的实际支出,借记"固定资产"科目,贷记"资产基金——固定资产"科目;同时,借记"资产基金——在建工程"科目,贷记"在建工程"科目;已交付使用但尚未办理竣工决算手续的固定资产,按照估计价值入账,待确定实际成本后再进行调整。

(2) 在原有固定资产基础上进行改建、扩建、修缮的固定资产,其成本按照原固定资产的账面价值("固定资产"科目账面余额减去"累计折旧"科目账面余额后的净值)加上改建、扩建、修缮发生的支出,再扣除固定资产拆除部分账面价值后的金额确定。

将固定资产转入改建、扩建、修缮时,按照固定资产的账面价值,借记"在建工程"科目,贷记"资产基金——在建工程"科目;同时,按照固定资产的账面价值,借记"资产基金——固定资产"科目,按照固定资产已计提折旧,借记"累计折旧"科目,按照固定资产的账面余额,贷记"固定资产"科目。

工程完工交付使用时,按照确定的固定资产成本,借记"固定资产"科目,贷记"资产基金——固定资产"科目;同时,借记"资产基金——在建工程"科目,贷记"在建工程"科目。

(3) 行政单位的基本建设投资应当按照国家有关规定单独建账、单独核算,同时按照《行政单位会计制度》的规定至少按月并入"在建工程"科目及其他相关科目反映。行政单位应当在"在建工程"科目下设置"基建工程"明细科目,核算由基建账套并入的在建工程成本。

2. 《事业单位会计制度》（财会〔2012〕22 号）

（1）自行建造的固定资产，其成本包括建造该项资产至交付使用前所发生的全部必要支出。工程完工交付使用时，按自行建造过程中发生的实际支出，借记"固定资产"科目，贷记"非流动资产基金——固定资产"科目；同时，借记"非流动资产基金——在建工程"科目，贷记"在建工程"科目。已交付使用但尚未办理竣工决算手续的固定资产，按照估计价值入账，待确定实际成本后再进行调整。

（2）在原有固定资产基础上进行改建、扩建、修缮后的固定资产，其成本按照原固定资产账面价值（"固定资产"科目账面余额减去"累计折旧"科目账面余额后的净值）加上改建、扩建、修缮发生的支出，再扣除固定资产拆除部分的账面价值后的金额确定。

将固定资产转入改建、扩建、修缮时，按固定资产的账面价值，借记"在建工程"科目，贷记"非流动资产基金——在建工程"科目；同时，按固定资产对应的非流动资产基金，借记"非流动资产基金——固定资产"科目，按固定资产已计提折旧，借记"累计折旧"科目，按固定资产的账面余额，贷记"固定资产"科目。

工程完工交付使用时，借记"固定资产"科目，贷记"非流动资产基金——固定资产"科目；同时，借记"非流动资产基金——在建工程"科目，贷记"在建工程"科目。

（3）事业单位的基本建设投资应当按照国家有关规定单独建账、单独核算，同时按照《事业单位会计制度》的规定至少按月并入"在建工程"科目及其他相关科目反映。事业单位应当在"在建工程"科目下设置"基建工程"明细科目，核算由基建账套并入的在建工程成本。

3. 《国有建设单位会计制度》（财会字〔1995〕45 号）

（1）交付使用资产核算建设单位已经完成购置、建造过程，并已交付或结转给生产、使用单位的各项资产，包括固定资产，为生产准备的不够固定资产标准的工具、器具、家具等流动资产，以及无形资产和递延资产的实际成本。

（2）工程竣工后，必须按照有关规定编制竣工决算，办妥竣工验收和资产交接手续，才能作为交付使用资产入账。建设单位在办理竣工验收和资产交接手续工作以前，必须根据"建筑安装工程投资""设备投资""其他投资"和"待摊投资"等科目的明细记录，计算交付使用资产的实际成本，编制交付使用资产明细表等竣工决算附件，经交接双方签证后，其中一份由使用单位作为资产入账依据，另一份由建设单位作为"交付使用资产"科目的记账依据。

(3) 建设单位用基建投资购建的自用固定资产，应通过"建筑安装工程投资""设备投资""其他投资""待摊投资"等科目核算。购建完成交付本单位使用时，借记"交付使用资产"科目，贷记"建筑安装工程投资""设备投资""其他投资""待摊投资"等科目；同时，借记"固定资产"科目，贷记"交付使用资产"科目。

建设单位用留成收入购建的自用固定资产，借记"固定资产"科目，贷记"银行存款"科目。

主管部门或生产企业无偿调拨给建设单位的固定资产，借记"固定资产"科目（调出单位账面原值），贷记"上级拨入资金"科目（净值）和"累计折旧"科目（调出单位已提折旧）。

盘盈的固定资产，借记"固定资产"科目（重置完全价值），贷记"累计折旧"科目（估计折旧）和"待处理财产损失"科目（净值）；按规定程序报经批准转账时，借记"待处理财产损失"科目，贷记"待摊投资——固定资产损失"科目。

(4) 实行财政贴息办法的建设单位，工程竣工经验收交付使用时，根据交付使用资产成本，借记"交付使用资产"科目，贷记"建筑安装工程投资""设备投资""其他投资"和"待摊投资"等科目；同时，应根据交付使用资产成本扣减财政贴息数后的差额，借记"应收生产单位投资借款"科目，贷记"待冲基建支出"科目（即结转的应收生产单位投资借款不包括计入资产成本的财政贴息数，但转给生产单位的交付使用资产的价值为工程的全部成本，即包括银行计收的应由财政贴息的借款利息数）。

4.《政府会计制度——行政事业单位会计科目和报表》（财会〔2017〕25号）

(1) 自行建造的固定资产交付使用时，按照在建工程成本，借记"固定资产"科目，贷记"在建工程"科目。已交付使用但尚未办理竣工决算手续的固定资产，按照估计价值入账，待办理竣工决算后再按照实际成本调整原来的暂估价值。

(2) 符合固定资产确认条件的后续支出：将固定资产转入改建、扩建时，按照固定资产的账面价值，借记"在建工程"科目，按照固定资产已计提折旧，借记"固定资产累计折旧"科目，按照固定资产的账面余额，贷记"固定资产"科目。

为增加固定资产使用效能或延长其使用年限而发生的改建、扩建等后续支出，借记"在建工程"科目，贷记"财政拨款收入""零余额账户用款额度""银行存款"等科目。

固定资产改建、扩建等完成交付使用时，按照在建工程成本，借记"固定资产"科目，贷记"在建工程"科目。

不符合固定资产确认条件的后续支出：为保证固定资产正常使用发生的日常维修等支出，借记"业务活动费用""单位管理费用"等科目，贷记"财政拨款收入""零余额账户用款额度""银行存款"等科目。

（3）"在建工程"科目应当设置"建筑安装工程投资""设备投资""待摊投资""其他投资""待核销基建支出""基建转出投资"等明细科目，按照具体项目进行明细核算，并且直接在单位会计账中核算，不再进行基建账的"两套账"核算。

（二）"公共基础设施"科目对比

1.《行政单位会计制度》（财库〔2013〕218号）

（1）"公共基础设施"科目核算由行政单位占有并直接负责维护管理、供社会公众使用的工程性公共基础设施资产，包括城市交通设施、公共照明设施、环保设施、防灾设施、健身设施、广场及公共构筑物等其他公共设施。

与公共基础设施配套使用的修理设备、工具器具、车辆等动产，作为管理公共基础设施的行政单位的固定资产核算，不通过"公共基础设施"科目核算。

与公共基础设施配套、供行政单位在公共基础设施管理中自行使用的房屋构筑物等，能够与公共基础设施分开核算的，作为行政单位的固定资产核算，不通过"公共基础设施"科目核算。

（2）公共基础设施应当在对其取得占有权利时确认。

2.《政府会计准则第5号——公共基础设施》（财会〔2017〕11号）

（1）《政府会计准则第5号——公共基础设施》所称公共基础设施，是指政府会计主体为满足社会公共需求而控制的，同时具有以下特征的有形资产：①是一个有形资产系统或网络的组成部分；②具有特定用途；③一般不可移动。

公共基础设施主要包括市政基础设施（如城市道路、桥梁、隧道、公交场站、路灯、广场、公园绿地、室外公共健身器材，以及环卫、排水、供水、供电、供气、供热、污水处理、垃圾处理系统等）、交通基础设施（如公路、航道、港口等）、水利基础设施（如大坝、堤防、水闸、泵站、渠道等）和其他公共基础设施。

（2）下列各项适用于其他相关政府会计准则：①独立于公共基础设施、不构成公共基础设施使用不可缺少组成部分的管理维护用房屋建筑物、设备、车辆等，适用《政府会计准则第3号——固定资产》；②属于文物文化资产的公共基础设施，适用其他相关政府会计准则；③采用政府和社会资本合作模式（即PPP模式）形成的公共基础设施的确认和初始计量，适用其他相关政府会计准则。

（3）通常情况下，对于自建或外购的公共基础设施，政府会计主体应当在该项公共基础设施验收合格并交付使用时确认；对于无偿调入、接受捐赠的公共基础设施，政府会计主体应当在开始承担该项公共基础设施管理维护职责时确认。

（4）对于应当确认为公共基础设施但已确认为固定资产的资产，政府会计主体应当在本准则首次执行日（即2018年1月1日）将该资产按其账面价值重新分类为公共基础设施。

新旧会计制度对比见表2-1。

表 2-1　新旧会计制度对比

对比项目制度	旧制度	新制度
相关制度文件	《事业单位会计准则》（财政部令第72号）、《行政单位会计制度》（财库〔2013〕218号）、《事业单位会计制度》（财会〔2012〕22号）、《国有建设单位会计制度》（财会字〔1995〕45号）	《政府会计准则——基本准则》《政府会计准则第3号——固定资产》《政府会计准则第5号——公共基础设施》《政府会计制度——行政事业单位会计科目和报表》
结转标准	1. 自行建造、改建、扩建的固定资产，在建造完成交付使用时确认 2. 已交付使用但尚未办理竣工决算手续的固定资产，应当按照估计价值入账，待办理竣工决算后再按实际成本调整原来的暂估价值 3. 已交付使用但尚未办理竣工决算手续的公共基础设施，应当按照估计价值入账，待办理竣工决算后再按照实际成本调整原来的暂估价值	
会计分录	行政单位：自行建造转固定资产： 借：固定资产 　贷：资产基金——固定资产 同时， 借：资产基金——在建工程 　贷：在建工程	自行建造转固定资产： 借：固定资产 　贷：在建工程

（续上表）

对比项目制度		旧制度	新制度
会计分录	行政单位	改扩建转固定资产： 借：固定资产 　　贷：资产基金——固定资产 同时， 借：资产基金——在建工程 　　贷：在建工程	改扩建转固定资产： 1. 符合资本化 支付费用： 借：在建工程 　　贷：财政拨款收入、零余额账户用款额度、银行存款等科目 交付使用： 借：固定资产 　　贷：在建工程 2. 不符合资本化 借：业务活动费用、单位管理费用等科目 　　贷：财政拨款收入、零余额账户用款额度、银行存款等科目
		公共基础设施建设完工交付使用： 借：公共基础设施 　　贷：资产基金——公共基础设施 同时， 借：资产基金——在建工程 　　贷：在建工程	
会计分录	事业单位	自行建造转固定资产： 借：固定资产 　　贷：非流动资产基金——固定资产 同时， 借：非流动资产基金——在建工程 　　贷：在建工程	自行建造公共基础设施完工交付使用： 借：公共基础设施 　　贷：在建工程
		改扩建转固定资产： 借：固定资产 　　贷：非流动资产基金——固定资产 同时， 借：非流动资产基金——在建工程 　　贷：在建工程	

（续上表）

对比项目制度		旧制度	新制度
会计分录	国有建设单位	1. 用基建投资购建完成的自用固定资产 借：交付使用资产 　贷：建筑安装工程投资 　　　设备投资 　　　其他投资等 同时， 借：固定资产（或冲转资金来源） 　贷：交付使用资产 2. 用留成收入购建完成的固定资产 借：固定资产 　贷：银行存款 3. 有偿调入的固定资产 借：固定资产（原值） 　贷：银行存款（调拨价） 　　　累计折旧（差价） 4. 无偿调入的固定资产 （1）未使用过的固定资产按原值入账： 借：固定资产 　贷：上级拨入资金 （2）使用过的固定资产按调出单位的账面原值和已提折旧入账： 借：固定资产（原值） 　贷：上级拨入资金（净值） 　　　累计折旧（已提折旧）	

三、新旧会计核算制度衔接

(一)《政府会计制度——行政事业单位会计科目和报表》与《行政单位会计制度》对财务会计科目新旧衔接问题的处理规定①

1. 新旧制度衔接的相关工作

单位应当按照《政府会计制度——行政事业单位会计科目和报表》(以下简称"新制度")与《行政单位会计制度》对财务会计科目新旧衔接问题的处理规定(以下简称"本规定")做好新旧制度衔接的相关工作,主要包括以下五个方面。

(1)根据原账编制2018年12月31日的科目余额表,并按照本规定要求,编制原账的部分科目余额明细表(见附表1、附表2)。

(2)按照新制度设立2019年1月1日的新账。

(3)按照本规定要求,登记新账的财务会计科目余额和预算结余科目余额,包括将原账科目余额转入新账财务会计科目、按照原账科目余额登记新账预算结余科目(行政单位新旧会计制度转账、登记新账科目对照表见附表3),将未入账事项登记新账科目,并对相关新账科目余额进行调整。原账科目是指按照原制度规定设置的会计科目。

(4)按照登记及调整后新账的各会计科目余额,编制2019年1月1日的科目余额表,作为新账各会计科目的期初余额。

(5)根据新账各会计科目期初余额,按照新制度编制2019年1月1日的资产负债表。

2. 及时调整会计信息系统

单位应当按照新制度要求对原有会计信息系统进行及时更新和调试,实现数据正确转换,确保新旧账套的有序衔接。

3. 财务会计科目的新旧衔接

(1)将2018年12月31日原账会计科目余额转入新账财务会计科目。

---

① 参见《政府会计制度——行政事业单位会计科目和报表》与《行政单位会计制度》有关衔接问题的处理规定。

①"固定资产"科目。新制度设置了"固定资产""公共基础设施""政府储备物资""文物文化资产""保障性住房"科目。单位在原账"固定资产"科目中只核算了按照新制度规定的固定资产内容的，转账时，应当将原账的"固定资产"科目余额全部转入新账的"固定资产"科目。单位在原账的"固定资产"科目中核算了按照新制度规定应当记入"公共基础设施""政府储备物资""文物文化资产""保障性住房"科目内容的，转账时，应当将原账的"固定资产"科目余额中相应资产的账面余额，分别转入新账的"公共基础设施""政府储备物资""文物文化资产""保障性住房"科目，并将原账的"固定资产"科目余额减去上述金额后的差额，转入新账的"固定资产"科目。

即衔接分录为：

借：公共基础设施
　　政府储备物资
　　文物文化资产
　　保障性住房
　贷：固定资产——公共基础设施
　　　　　　——政府储备物资
　　　　　　——文物文化资产
　　　　　　——保障性住房

同时，将原账的"固定资产"科目余额减去上述金额后的差额，转入新账的"固定资产"科目。

②"累计折旧"科目。新制度设置了"固定资产累计折旧"科目，该科目的核算内容与原账"累计折旧——固定资产累计折旧"科目的核算内容基本相同。单位已经计提了固定资产折旧并记入"累计折旧——固定资产累计折旧"科目的，转账时，应当将原账的"累计折旧——固定资产累计折旧"科目余额，转入新账的"固定资产累计折旧"科目。

新制度设置了"公共基础设施累计折旧（摊销）"科目，该科目的核算内容与原账"累计折旧——公共基础设施累计折旧"科目的核算内容基本相同。单位已经计提了公共基础设施折旧并记入"累计折旧——公共基础设施累计折旧"科目的，转账时，应当将原账的"累计折旧——公共基础设施累计折旧"科目余额，转入新账的"公共基础设施累计折旧（摊销）"科目。

即衔接分录为：

借：固定资产累计折旧
　　公共基础设施累计折旧（摊销）
　贷：累计折旧——固定资产累计折旧
　　　　　　　——公共基础设施累计折旧

单位在原账的"固定资产"科目中核算了按照新制度规定应当记入"公共基础设施""保障性住房"科目的内容，且已经计提了固定资产折旧并记入"累计折旧——固定资产累计折旧"科目的，转账时，应当将原账的"累计折旧——固定资产累计折旧"科目余额中属于公共基础设施累计折旧（摊销）、保障性住房累计折旧的金额，分别转入新账的"公共基础设施累计折旧（摊销）""保障性住房累计折旧"科目。

如单位在原账"累计折旧——固定资产累计折旧"科目中核算了属于公共基础设施累计折旧（摊销）、保障性住房累计折旧的金额的，应分别转入新账的"公共基础设施累计折旧（摊销）""保障性住房累计折旧"科目。

借：公共基础设施累计折旧（摊销）
　　保障性住房累计折旧
　贷：累计折旧——固定资产累计折旧

③"在建工程"科目。新制度设置了"在建工程""工程物资"和"预付账款——预付备料款、预付工程款"科目，原制度设置了"在建工程"科目。转账时，单位应当将原账的"在建工程"科目余额（基建"并账"后的金额，下同）中属于工程物资的金额，转入新账的"工程物资"科目；将原账"在建工程"科目余额中属于预付备料款、预付工程款的金额，转入新账"预付账款"相关明细科目；将原账的"在建工程"科目余额减去工程物资和预付备料款、预付工程款金额后的差额，转入新账的"在建工程"科目。

即衔接分录为：

借：工程物资
　　预付账款——预付备料款
　　　　　　——预付工程款
　贷：在建工程——工程物资
　　　　　　　——预付备料款
　　　　　　　——预付工程款

同时将原账的"在建工程"科目余额减去工程物资和预付备料款、预付工程款金额后的差额，转入新账的"在建工程"科目。

（2）对"补提折旧"的相关规定。单位在原账中尚未计提固定资产折旧、公共基础设施折旧（摊销）的，应当全面核查截至 2018 年 12 月 31 日固定资产、公共基础设施的预计使用年限、已使用年限、尚可使用年限等，并按照新制度规定于 2019 年 1 月 1 日对尚未计提折旧的固定资产、公共基础设施补提折旧，按照应计提的折旧金额，分录为：

借：累计盈余
  贷：固定资产累计折旧
    公共基础设施累计折旧（摊销）

单位在原账的"固定资产"科目中核算了按照新制度规定应当记入"公共基础设施""保障性住房"科目内容的，应当比照前款规定补提公共基础设施折旧（摊销）、保障性住房折旧，按照应计提的折旧（摊销）金额，分录为：

借：累计盈余
  贷：公共基础设施累计折旧（摊销）
    保障性住房累计折旧

资产类新旧科目余额的转换方法见表 2-2。

表 2-2　资产类新旧科目余额的转换方法

新制度会计科目	对应行政单位会计制度科目	核算内容	原账科目余额与新账科目余额的转换方法
固定资产	固定资产	与原账"固定资产"核算内容基本相同，但不包括符合"公共基础设施""政府储备物资""文物文化资产""保障性住房"确认条件的资产	新账科目期初余额＝原账"固定资产"科目余额－原账"固定资产"科目中核算的按照新制度规定应当记入"公共基础设施""政府储备物资""保障性住房"的资产账面余额

(续上表)

新制度会计科目	对应行政单位会计制度科目	核算内容	原账科目余额与新账科目余额的转换方法
文物文化资产	固定资产	核算单位为满足社会公共需求而控制的文物文化资产的成本,但不包括为满足自身开展业务活动或其他活动需要而控制的文物和陈列品	新账科目期初余额=原账"固定资产"科目中核算的按照新制度规定应当记入"文物文化资产"的资产账面余额
保障性住房		核算单位为满足社会公共需求而控制的保障性住房的原值	新账科目期初余额=原账"固定资产"科目中核算的按照新制度规定应当记入"保障性住房"的资产账面余额
公共基础设施		核算单位控制的公共基础设施的原值	新账科目期初余额=原账"固定资产"科目中核算的属于新制度规定的公共基础设施的资产账面余额

（续上表）

新制度会计科目	对应行政单位会计制度科目	核算内容	原账科目余额与新账科目余额的转换方法
固定资产累计折旧	累计折旧	与原账"累计折旧——固定资产累计折旧"科目的核算内容基本相同，核算单位计提的固定资产累计折旧	新账科目期初余额=原账的"累计折旧——固定资产累计折旧"科目余额－原值记入原账的"固定资产"且折旧记入原账的"累计折旧——固定资产累计折旧"科目余额中属于公共基础设施累计折旧（摊销）、保障性住房累计折旧的金额
公共基础设施累计折旧（摊销）		与原账"累计折旧——公共基础设施累计折旧"科目的核算内容基本相同，核算单位计提的公共基础设施累计折旧和累计摊销	新账科目期初余额=原账的"累计折旧——公共基础设施累计折旧"科目余额＋原账"累计折旧——固定资产累计折旧"科目余额中属于公共基础设施累计折旧（摊销）的金额

(续上表)

新制度会计科目	对应行政单位会计制度科目	核算内容	原账科目余额与新账科目余额的转换方法
保障性住房累计折旧	累计折旧	核算单位计提保障性住房累计折旧	新账科目期初余额＝原账"累计折旧——固定资产累计折旧"科目余额中属于保障性住房累计折旧的金额
工程物资	在建工程	核算单位为在建工程准备的各种物资的成本，包括工程用材料、设备等	新账科目期初余额＝原账的"在建工程"科目余额（基建"并账"后的金额）中属于工程物资的金额
在建工程		核算单位在建的建设项目工程的实际成本，但不包括符合"工程物资"定义的资产，也不包括属于预付备料款、预付工程款的金额	新账科目期初余额＝原账的"在建工程"科目余额－原账的"在建工程"科目余额（基建"并账"后的金额）中属于工程物资的金额－预付备料款、预付工程款的金额

4. 预算会计科目的新旧衔接

（1）"财政拨款结转"和"财政拨款结余"科目及对应的"资金结存"科目余额。新制度设置了"财政拨款结转""财政拨款结余"科目及对应的"资金结存"科目。在新旧制度转换时，单位按照新制度规定将原账的"其他应收款"中的预付款项计入预算支出的，应当对原账的"财政拨款结转"科目余额进行逐项分析，按照减去已经支付财政资金尚未计入预算支出（如其他应收款中的预付款项等）的金额后的差额，登记新账的"财政拨款结转"科目及其明细科目贷方；按照原账的"财政拨款结余"科目余额，登记新账的"财政拨款结余"科目及其明细科目贷方。

单位应当按照原账的"财政应返还额度"科目余额登记新账的"资金结存——财政应返还额度"科目借方；按照新账的"财政拨款结转"和"财政拨款结余"科目贷方余额合计数，减去新账的"资金结存——财政应返还额度"科目借方余额后的差额，登记新账的"资金结存——货币资金"科目借方。分录如下：

① "财政拨款结转"科目：

借：财政拨款结转（新）

　　贷：财政拨款结转（旧）

注：新账科目期初余额＝原账的"财政拨款结转"科目余额－已经支付尚未计入预算支出的财政拨款资金的金额（如其他应收款中的预付款项等）。

② "财政拨款结余"科目：

借：财政拨款结余（新）

　　贷：财政拨款结余（旧）

③ "资金结存——财政应返还额度"科目：

借：资金结存——财政应返还额度

　　贷：财政应返还额度

④ "资金结存——货币资金"科目：

借：资金结存——货币资金

　　贷：财政拨款结转

　　　　财政拨款结余

注：新账科目借方期初余额＝新账"财政拨款结转"科目期初余额＋新账"财政拨款结余"科目余额－新账"资金结存——财政应返还额度"科目借方期初余额。

（2）"非财政拨款结转"科目及对应的"资金结存"科目余额。新制度设置了"非财政拨款结转"科目及对应的"资金结存"科目。在新旧制度转换时,单位按照新制度规定将原账的"其他应收款"中的预付款项计入预算支出的,应当对原账的"其他资金结转结余——项目结转"科目余额进行逐项分析,按照减去已经支付非财政拨款专项资金尚未计入预算支出(如其他应收款中的预付款项等)的金额后的差额,登记新账的"非财政拨款结转"科目及其明细科目贷方;同时,按照相同的金额登记新账的"资金结存——货币资金"科目借方。分录如下:

"非财政拨款结转"科目:

借:其他资金结转结余——项目结转
　　贷:非财政拨款结转

注:新账科目期初余额＝原账的"其他资金结转结余——项目结转"科目余额－已经支付尚未计入预算支出的非财政拨款专项资金(如其他应收款中的预付款项等)。

同时,借:资金结存——货币资金
　　　　　贷:非财政拨款结转

(3)"非财政拨款结余"科目及对应的"资金结存"科目余额。

①登记"非财政拨款结余"科目余额。新制度设置了"非财政拨款结余"科目及对应的"资金结存"科目。在新旧制度转换时,单位应当按照原账的"其他资金结转结余——非项目结余"的科目余额,借记新账的"资金结存——货币资金"科目,贷记新账的"非财政拨款结余"科目。

②对新账"非财政拨款结余"科目及"资金结存"科目余额进行调整。单位按照新制度规定将原账的"其他应收款"中的预付款项计入预算支出的,应当对原账的"其他应收款"科目余额进行分析,区分其中预付款项的金额(将来很可能列支)和非预付款项的金额,并对预付款项的金额划分为财政拨款资金预付的金额、非财政拨款专项资金预付的金额和非财政拨款非专项资金预付的金额,按照非财政拨款非专项资金预付的金额,借记新账的"非财政拨款结余"科目,贷记新账的"资金结存——货币资金"科目。分录如下:

借:资金结存——货币资金
　　贷:其他资金结转结余——非项目结余
借:其他资金结转结余——非项目结余
　　贷:非财政拨款结余

注:"非财政拨款结余"科目期初余额＝原账的"其他资金结转结

余——非项目结余"科目余额－已经支付尚未计入预算支出的非财政拨款专项资金（如其他应收款中的预付款项等）。

预算结余类新旧制度科目余额转换方法见表2－3。

表2－3 预算结余类新旧制度科目余额转换方法

新制度会计科目	对应行政单位会计制度科目	核算内容	原账科目余额与新账科目期初余额转换方法
财政拨款结转	财政拨款结转	核算单位取得的同级财政拨款结转资金的调整、结转和滚存情况	新账科目期初余额＝原账的"财政拨款结转"科目余额－已经支付尚未计入预算支出的财政拨款资金的金额（如其他应收款中的预付款项等）
财政拨款结余	财政拨款结余	同级财政拨款项目支出结余资金的调整、结转和滚存情况	新账科目期初余额＝原账的"财政拨款结余"科目余额
非财政拨款结转	其他资金结转结余	核算单位除财政拨款收支、经营收支以外各非同级财政拨款专项资金的调整、结转和滚存情况	新账科目期初余额＝原账的"其他资金结转结余——项目结转"科目余额－已经支付尚未计入预算支出的非财政拨款专项资金（如其他应收款中的预付款项等）

（续上表）

新制度会计科目	对应行政单位会计制度科目	核算内容	原账科目余额与新账科目期初余额转换方法
非财政拨款结余	其他资金结转结余	核算单位历年滚存的非限定用途的非同级财政拨款结余资金，主要为非财政拨款结余扣除结余分配后滚存的金额	新账科目期初余额＝原账的"其他资金结转结余——非项目结余"科目余额－已经支付尚未计入预算支出的非财政拨款专项资金（如其他应收款中的预付款项等）
资金结存——财政应返还额度	财政应返还额度	核算单位纳入部门预算管理的资金的流入、流出、调整和滚存等情况	新账科目借方期初余额＝原账的"财政应返还额度"科目余额
资金结存——货币资金	财政拨款结转		新账科目借方期初余额＝新账的"财政拨款结转"科目期初余额＋新账的"财政拨款结余"科目余额＋新账的"非财政拨款结转"科目余额＋新账的"非财政拨款结余"科目余额－新账的"资金结存——财政应返还额度"科目借方期初余额
资金结存——货币资金	财政拨款结余		
资金结存——货币资金	其他资金结转结余		

（二）《政府会计制度——行政事业单位会计科目和报表》与《事业单位会计制度》对财务会计科目新旧衔接问题的处理规定①

1. 新旧制度衔接的相关工作

单位应当按照《政府会计制度——行政事业单位会计科目和报表》（以下简称"新制度"）与《事业单位会计制度》对财务会计科目新旧衔接问题的处理规定（以下简称"本规定"）做好新旧制度衔接的相关工作，主要包括以下五个方面。

（1）根据原账编制2018年12月31日的科目余额表，并按照本规定要求，编制原账的部分科目余额明细表（见附表4、附表5）。

（2）按照新制度设立2019年1月1日的新账。

（3）按照本规定要求，登记新账的财务会计科目余额和预算结余科目余额，包括将原账科目余额转入新账财务会计科目、按照原账科目余额登记新账预算结余科目（事业单位新旧会计制度转账、登记新账科目对照表见附表6），将未入账事项登记新账科目，并对相关新账科目余额进行调整。原账科目是指按照原制度规定设置的会计科目。

（4）按照登记及调整后新账的各会计科目余额，编制2019年1月1日的科目余额表，作为新账各会计科目的期初余额。

（5）根据新账各会计科目期初余额，按照新制度编制2019年1月1日的资产负债表。

2. 及时调整会计信息系统

单位应当按照新制度要求对原有会计信息系统进行及时更新和调试，实现数据正确转换，确保新旧账套的有序衔接。

3. 财务会计科目的新旧衔接

（1）将2018年12月31日原账会计科目余额转入新账财务会计科目。

①"固定资产"科目。新制度设置了"固定资产""公共基础设施""政府储备物资""文物文化资产""保障性住房"科目。单位在原账"固定资产"科目中只核算了按照新制度规定的固定资产内容的，转账时，应

---

① 参见《政府会计制度——行政事业单位会计科目和报表》与《事业单位会计制度》有关衔接问题的处理规定。

当将原账的"固定资产"科目余额全部转入新账的"固定资产"科目。单位在原账的"固定资产"科目中核算了按照新制度规定应当记入"公共基础设施""政府储备物资""文物文化资产""保障性住房"科目内容的，转账时，应当将原账的"固定资产"科目余额中相应资产的账面余额，分别转入新账的"公共基础设施""政府储备物资""文物文化资产""保障性住房"科目，并将原账的"固定资产"科目余额减去上述金额后的差额，转入新账的"固定资产"科目。即衔接分录为：

借：公共基础设施
　　政府储备物资
　　文物文化资产
　　保障性住房
　贷：固定资产——公共基础设施
　　　　　　——政府储备物资
　　　　　　——文物文化资产
　　　　　　——保障性住房

同时，应将原账的"固定资产"科目余额减去上述金额后的差额，转入新账的"固定资产"科目。

②"累计折旧"科目。新制度设置了"固定资产累计折旧"科目，该科目的核算内容与原账的"累计折旧"科目的核算内容基本相同。单位已经计提了固定资产折旧并记入"累计折旧"科目的，转账时，应当将原账的"累计折旧"科目余额，转入新账的"固定资产累计折旧"科目。

新制度设置了"公共基础设施累计折旧（摊销）"和"保障性住房累计折旧"科目，单位在原账的"固定资产"科目中核算了按照新制度规定应当记入"公共基础设施""保障性住房"科目的内容，且已经计提了固定资产折旧的，转账时，应当将原账的"累计折旧"科目余额中属于公共基础设施累计折旧（摊销）、保障性住房累计折旧的金额，分别转入新账的"公共基础设施累计折旧（摊销）""保障性住房累计折旧"科目。即衔接分录为：

借：固定资产累计折旧
　　公共基础设施累计折旧（摊销）
　　保障性住房累计折旧
　贷：累计折旧（除保障性住房和公共基础设施以外的折旧）

　　　　累计折旧——公共基础设施
　　　　　　　　——保障性住房

③"在建工程"科目。新制度设置了"在建工程"和"预付账款——预付备料款、预付工程款"科目，原制度设置了"在建工程"科目的，转账时，单位应当将原账的"在建工程"科目余额（基建"并账"后的金额，下同）中属于预付备料款、预付工程款的金额，转入新账"预付账款"相关明细科目；将原账的"在建工程"科目余额减去预付备料款、预付工程款金额后的差额，转入新账的"在建工程"科目。

单位在原账"在建工程"科目中核算了按照新制度规定应当记入"工程物资"科目内容的，应当将原账"在建工程"科目余额中属于工程物资的金额，转入新账的"工程物资"科目。即衔接分录为：

　　借：工程物资
　　　　预付账款——预付备料款
　　　　　　　　——预付工程款
　　贷：在建工程——预付备料款
　　　　　　　　——预付工程款
　　　　　　　　——工程物资

将原账的"在建工程"科目余额减去预付备料款、预付工程款金额后的差额，转入新账的"在建工程"科目。

（2）对"补提折旧"的相关规定。单位在原账中尚未计提固定资产折旧的，应当全面核查截至2018年12月31日的固定资产的预计使用年限、已使用年限、尚可使用年限等，并于2019年1月1日对尚未计提折旧的固定资产补提折旧，按照应计提的折旧金额，分录为：

　　借：累计盈余
　　贷：固定资产累计折旧

单位在原账的"固定资产"科目中核算了按照新制度规定应当记入"公共基础设施""保障性住房"科目内容的，应当比照前款规定补提公共基础设施折旧（摊销）、保障性住房折旧，按照应计提的折旧（摊销）金额，分录为：

　　借：累计盈余
　　贷：公共基础设施累计折旧（摊销）
　　　　保障性住房累计折旧

资产类科目余额的转换方法见表2-4。

表2-4 资产类科目余额的转换方法

新制度会计科目	对应事业单位会计制度科目	核算内容	原账科目余额与新账科目余额的转换方法
固定资产	固定资产	新账与原账的"固定资产"的核算内容基本相同,但不包括符合"公共基础设施""政府储备物资""文物文化资产""保障性住房"确认条件的资产	新账科目期初余额＝原账"固定资产"科目余额－原账"固定资产"科目中核算的按照新制度规定应当记入"公共基础设施""政府储备物资""文物文化资产""保障性住房"的资产账面余额
文物文化资产		核算单位为满足社会公共需求而控制的文物文化资产的成本,但不包括为满足自身开展业务活动或其他活动需要而控制的文物和陈列品	新账科目期初余额＝原账"固定资产"科目中核算的按照新制度规定应当记入"文物文化资产"的资产账面余额
保障性住房		核算单位为满足社会公共需求而控制的保障性住房的原值	新账科目期初余额＝原账"固定资产"科目中核算的按照新制度规定应当记入"保障性住房"的资产账面余额

(续上表)

新制度会计科目	对应事业单位会计制度科目	核算内容	原账科目余额与新账科目余额的转换方法
公共基础设施	固定资产	核算单位控制的公共基础设施的原值	新账科目期初余额＝原账"固定资产"科目中核算的属于新制度规定的公共基础设施资产的资产账面余额
固定资产累计折旧	累计折旧	与原账"累计折旧——固定资产累计折旧"科目的核算内容基本相同，核算单位计提的固定资产累计折旧	新账科目期初余额＝原账的"累计折旧——固定资产累计折旧"科目余额－原值记入原账"固定资产"且折旧记入原账"累计折旧——固定资产累计折旧"科目的属于公共基础设施累计折旧（摊销）、保障性住房累计折旧的金额
公共基础设施累计折旧（摊销）		与原账"累计折旧——公共基础设施累计折旧"科目的核算内容基本相同，核算单位计提的公共基础设施累计折旧和累计摊销	新账科目期初余额＝原账的"累计折旧——公共基础设施累计折旧"科目余额＋原账"累计折旧——固定资产累计折旧"科目余额中属于公共基础设施累计折旧（摊销）的金额

（续上表）

新制度会计科目	对应事业单位会计制度科目	核算内容	原账科目余额与新账科目余额的转换方法
保障性住房累计折旧	累计折旧	核算单位计提的保障性住房累计折旧	新账科目期初余额 = 原账"累计折旧——固定资产累计折旧"科目余额中属于保障性住房累计折旧的金额
工程物资	在建工程	核算单位为在建工程准备的各种物资的成本，包括工程用材料、设备等	新账科目期初余额 = 原账的"在建工程"科目余额（基建"并账"后的金额）中属于工程物资的金额
在建工程	在建工程	核算单位在建的建设项目工程的实际成本，但不包括符合"工程物资"定义的资产，也不包括属于预付备料款、预付工程款的金额	新账科目期初余额 = 原账的"在建工程"科目余额 - 原账的"在建工程"科目余额（基建"并账"后的金额）中属于工程物资的金额 - 预付备料款、预付工程款的金额
政府储备物资	固定资产	核算单位控制的政府储备物资的成本	新账科目期初余额 = 原账"存货"科目中核算的按照新制度规定的政府储备物资的金额 + 原账"固定资产"科目中核算的属于新制度规定的政府储备物资的账面余额
政府储备物资	存货		

4. 预算会计科目的新旧衔接

（1）"财政拨款结转"和"财政拨款结余"科目及对应的"资金结存"科目余额。新制度设置了"财政拨款结转""财政拨款结余"科目及对应的"资金结存"科目。在新旧制度转换时，单位应当对原账的"财政补助结转"科目余额进行逐项分析，加上各项结转转入的预算支出中已经计入预算支出尚未支付财政资金（如发生时列支的应付账款）的金额，减去已经支付财政资金尚未计入预算支出（如购入的存货、预付账款等）的金额，按照增减后的金额，登记新账的"财政拨款结转"科目及其明细科目贷方；按照原账"财政补助结余"科目余额，登记新账的"财政拨款结余"科目及其明细科目贷方。

按照原账"财政应返还额度"科目余额登记新账的"资金结存——财政应返还额度"科目借方；按照新账的"财政拨款结转"和"财政拨款结余"科目贷方余额合计数，减去新账的"资金结存——财政应返还额度"科目借方余额后的差额，登记新账的"资金结存——货币资金"科目借方。分录如下：

① "财政拨款结转"科目：

借：财政补助结转

　　贷：财政拨款结转

注：新账科目期初余额 = 原账"财政补助结转"科目余额 + 结转转入的预算支出中已经计入预算支出尚未支付财政资金金额（如发生时列支的应付账款）- 已经支付财政资金尚未计入预算支出（如购入的存货、预付账款等）的金额（如其他应收款中的预付款项等）

② "财政拨款结余"科目：

借：财政补助结余

　　贷：财政拨款结余

③ "资金结存——财政应返还额度"科目：

借：资金结存——财政应返还额度

　　贷：财政应返还额度

④ "资金结存——货币资金"科目：

借：资金结存——货币资金

　　贷：财政拨款结转

　　　　财政拨款结余

注：新账科目借方期初余额＝新账的"财政拨款结转"科目贷方期初余额＋新账的"财政拨款结余"科目贷方期初余额－新账的"资金结存——财政应返还额度"科目借方余额新账科目。

（2）"非财政拨款结转"科目及对应的"资金结存"科目余额。新制度设置了"非财政拨款结转"科目及对应的"资金结存"科目。在新旧制度转换时，单位应当对原账的"非财政补助结转"科目余额进行逐项分析，加上各项结转转入的预算支出中已经计入预算支出尚未支付非财政补助专项资金（如发生时列支的应付账款）的金额，减去已经支付非财政补助专项资金尚未计入预算支出（如购入的存货、预付账款等）的金额，加上各项结转转入的预算收入中已经收到非财政补助专项资金尚未计入预算收入（如预收账款）的金额，减去已经计入预算收入尚未收到非财政补助专项资金（如应收账款）的金额，按照增减后的金额，登记新账的"非财政拨款结转"科目及其明细科目贷方；同时，按照相同的金额登记新账的"资金结存——货币资金"科目借方。分录如下：

"非财政拨款结转"科目：

借：非财政补助结转
　　贷：非财政拨款结转

注：新账科目期初余额＝原账的"非财政补助结转"科目余额＋各项结转转入的预算支出中已经计入预算支出尚未支付非财政补助专项资金（如发生时列支的应付账款）的金额－已经支付但尚未计入预算支出的财政资金金额（如购入的存货、预付账款等）＋结转转入的已经收到、尚未计入预算收入的非财政补助专项资金金额（如预收账款）－已经计入预算收入尚未收到的非财政补助专项资金（如应收账款）的金额。

同时，借：资金结存——货币资金
　　　　贷：非财政拨款结转

（3）"非财政拨款结余"科目及对应的"资金结存"科目余额。

①登记"非财政拨款结余"科目余额。新制度设置了"非财政拨款结余"科目及对应的"资金结存"科目。在新旧制度转换时，单位应当按照原账的"事业基金"科目余额，借记新账的"资金结存——货币资金"科目，贷记新账的"非财政拨款结余"科目。

②对新账"非财政拨款结余"科目及"资金结存"科目余额进行调整。第一，调整短期投资对非财政拨款结余的影响。单位应当按照原账的

"短期投资"科目余额,借记"非财政拨款结余"科目,贷记"资金结存——货币资金"科目。

第二,调整应收票据、应收账款对非财政拨款结余的影响。单位应当对原账的"应收票据""应收账款"科目余额进行分析,区分其中发生时计入预算收入的金额和没有计入预算收入的金额。对发生时计入预算收入的金额,再区分计入专项资金收入的金额和计入非专项资金收入的金额,按照计入非专项资金收入的金额,借记"非财政拨款结余"科目,贷记"资金结存——货币资金"科目。

第三,调整预付账款对非财政拨款结余的影响。单位应当对原账的"预付账款"科目余额进行分析,区分其中由财政补助资金预付的金额、非财政补助专项资金预付的金额和非财政补助非专项资金预付的金额,按照非财政补助非专项资金预付的金额,借记"非财政拨款结余"科目,贷记"资金结存——货币资金"科目。

第四,调整其他应收款对非财政拨款结余的影响。单位按照新制度规定将原账其他应收款中的预付款项计入预算支出的,应当对原账的"其他应收款"科目余额进行分析,区分其中预付款项的金额(将来很可能列支)和非预付款项的金额,并对预付款项的金额划分为财政补助资金预付的金额、非财政补助专项资金预付的金额和非财政补助非专项资金预付的金额,按照非财政补助非专项资金预付的金额,借记"非财政拨款结余"科目,贷记"资金结存——货币资金"科目。

第五,调整存货对非财政拨款结余的影响。单位应当对原账的"存货"科目余额进行分析,区分购入的存货金额和非购入的存货金额。对购入的存货金额划分出其中使用财政补助资金购入的金额、使用非财政补助专项资金购入的金额和使用非财政补助非专项资金购入的金额,按照使用非财政补助非专项资金购入的金额,借记"非财政拨款结余"科目,贷记"资金结存——货币资金"科目。

第六,调整长期股权投资对非财政拨款结余的影响。单位应当对原账的"长期投资"科目余额中属于股权投资的余额进行分析,区分其中用现金资产取得的金额和用非现金资产及其他方式取得的金额,按照用现金资产取得的金额,借记"非财政拨款结余"科目,贷记"资金结存——货币资金"科目。

第七,调整长期债券投资对非财政拨款结余的影响。单位应当按照原账的"长期投资"科目余额中属于债券投资的余额,借记"非财政拨款结余"科目,贷记"资金结存——货币资金"科目。

第八,调整短期借款、长期借款对非财政拨款结余的影响。单位应当按照原账的"短期借款""长期借款"科目余额,借记"资金结存——货币资金"科目,贷记"非财政拨款结余"科目。

第九,调整应付票据、应付账款对非财政拨款结余的影响。单位应当对原账的"应付票据""应付账款"科目余额进行分析,区分其中发生时计入预算支出的金额和未计入预算支出的金额。将计入预算支出的金额划分出财政补助应付的金额、非财政补助专项资金应付的金额和非财政补助非专项资金应付的金额,按照非财政补助非专项资金应付的金额,借记"资金结存——货币资金"科目,贷记"非财政拨款结余"科目。

第十,调整预收账款对非财政拨款结余的影响。单位应当按照原账的"预收账款"科目余额中预收非财政非专项资金的金额,借记"资金结存——货币资金"科目,贷记"非财政拨款结余"科目。分录如下:

借:资金结存——货币资金
　　贷:事业基金
借:事业基金
　　贷:非财政拨款结余

注:"非财政拨款结余"科目贷方期初余额=原账的"事业基金"科目余额+原账的"短期借款"科目余额+原账的"长期借款"科目余额+已计入预算支出的属于非财政补助非专项资金的应付款项+原账的"预收账款"科目余额中预收非财政补助非专项资金的余额。

新账科目贷方期初余额=原账的"事业基金"科目余额+原账的"短期借款"科目余额+原账的"长期借款"科目余额+已计入预算支出的属于非财政补助非专项资金的应付款项+原账的"预收账款"科目余额中预收非财政补助非专项资金的余额。

"非财政拨款结余"科目借方期初余额=原账的"短期投资"科目余额+已经计入预算收入尚未收到的非专项资金收入的金额+预付账款中由非财政补助非专项资金支付的金额+由非财政补助非专项资金支付的其他应收款项中属于预付款项的金额+使用非财政补助非专项资金购入的存货金额+原账"长期投资"科目余额中属于股权投资的用现金资产取得的金额+原账"长期投资"科目余额中属于债券投资的余额。

(4)"专用结余"科目及对应的"资金结存"科目余额。新制度设置了"专用结余"科目及对应的"资金结存"科目。在新旧制度转换时,单位应当按照原账"专用基金"科目余额中通过非财政补助结余分配形成的金额,借记新账的"资金结存——货币资金"科目,贷记新账的"专用结余"科目。

借:资金结存——货币资金
　　贷:专用基金
借:专用基金
　　贷:专用结余

(5)"经营结余"科目及对应的"资金结存"科目余额。新制度设置了"经营结余"科目及对应的"资金结存"科目。如果原账的"经营结余"科目期末有借方余额,在新旧制度转换时,单位应当按照原账的"经营结余"科目余额,借记新账的"经营结余"科目,贷记新账的"资金结存——货币资金"科目。

借:经营结余(新)
　　贷:经营结余(旧)
借:经营结余(旧)
　　贷:资金结存——货币资金

(6)"其他结余""非财政拨款结余分配"科目。新制度设置了"其他结余"和"非财政拨款结余分配"科目。由于这两个科目年初无余额,在新旧制度转换时,单位无须对"其他结余"和"非财政拨款结余分配"科目进行新账年初余额登记。

预算结余类科目余额的转换方法见表2-5。

表2-5 预算结余类科目余额的转换方法

新制度会计科目	对应事业单位会计制度科目	核算内容	原账科目余额与新账科目期初余额的转换方法
财政拨款结转	财政补助结转	核算单位取得的同级财政拨款结转资金的调整、结转和滚存情况	新账科目期初余额＝原账"财政补助结转"科目余额＋结转转入的预算支出中已经计入预算支出尚未支付财政资金金额（如发生时列支的应付账款）－已经支付财政资金尚未计入预算支出（如购入的存货、预付账款等）的金额（如其他应收款中的预付款项等）
财政拨款结余	财政补助结余	核算同级财政拨款项目支出结余资金的调整、结转和滚存情况	新账科目期初余额＝原账的"财政补助结余"科目余额
非财政拨款结转	非财政补助结转	核算单位除财政拨款收支、经营收支以外各非同级财政拨款专项资金的调整、结转和滚存情况	新账科目期初余额＝原账的"非财政补助结转"科目余额＋各项结转转入的预算支出中已经计入预算支出尚未支付非财政补助专项资金（如发生时列支的应付账款）的金额－已经支付但尚未计入预算支出的财政资金金额（如购入的存货、预付账款等）＋结转转入的已经收到、尚未计入预算收入的非财政补助专项资金金额（如预收账款）－已经计入预算收入尚未收到的非财政补助专项资金（如应收账款）的金额

(续上表)

新制度会计科目	对应事业单位会计制度科目	核算内容	原账科目余额与新账科目期初余额的转换方法
非财政拨款结余	事业基金	核算单位历年滚存的非限定用途的非同级财政拨款结余资金，主要为非财政拨款结余扣除结余分配后滚存的金额	新账科目贷方期初余额＝原账的"事业基金"科目余额＋原账的"短期借款"科目余额＋原账的"长期借款"科目余额＋已计入预算支出的属于非财政补助非专项资金的应付款项＋原账的"预收账款"科目余额中预收非财政非专项资金的余额。 新账科目借方期初余额＝原账的"短期投资"科目余额＋已经计入预算收入尚未收到的非专项资金收入的金额＋预付账款中由非财政补助非专项资金支付的金额＋由非财政补助非专项资金支付的其他应收款项中属于预付款项的金额＋使用非财政补助非专项资金购入的存货金额＋原账"长期投资"科目余额中属于股权投资的用现金资产取得的金额＋原账"长期投资"科目余额中属于债券投资的余额
专用结余	专用基金	核算事业单位按照规定从非财政拨款结余中提取的具有专门用途的资金的变动和滚存情况	新账科目期初余额＝原账"专用基金"科目余额中通过非财政补助结余分配形成的金额
经营结余	经营结余	核算事业单位本年度经营活动收支相抵后余额弥补以前年度经营亏损后的余额	新账科目借方期初余额＝原账的"经营结余"科目的借方余额

（续上表）

新制度会计科目	对应事业单位会计制度科目	核算内容	原账科目余额与新账科目期初余额的转换方法
资金结存——财政应返还额度	财政应返还额度	核算单位纳入部门预算管理的资金的流入、流出、调整和滚存等情况	新账科目借方期初余额＝原账"财政应返还额度"科目余额
资金结存——货币资金	财政拨款结转	核算单位纳入部门预算管理的资金的流入、流出、调整和滚存等情况	新账科目借方期初余额＝新账的"财政拨款结转"科目贷方期初余额＋新账的"财政拨款结余"科目贷方期初余额＋新账的"非财政拨款结转"科目贷方期初余额＋新账的"非财政拨款结余"科目贷方期初余额＋新账的"专用结余"科目贷方期初余额－新账的"资金结存——财政应返还额度"科目借方余额。 新账科目贷方期初余额＝新账"非财政拨款结余"科目借方期初余额＋新账的"经营结余"科目的期初借方余额

（三）财务报表和预算会计报表的新旧衔接相关规定

1. 编制 2019 年 1 月 1 日资产负债表

单位应当根据 2019 年 1 月 1 日新账的财务会计科目余额，按照《政府会计制度——行政事业单位会计科目和报表》编制 2019 年 1 月 1 日资产负债表（仅要求填列各项目"年初余额"）。

2. 2019 年度财务报表和预算会计报表的编制

单位应当按照新制度规定编制 2019 年财务报表和预算会计报表。在编制 2019 年度收入费用表、净资产变动表、现金流量表和预算收入支出表、预算结转结余变动表时，不要求填列上年比较数。

单位应当根据 2019 年 1 月 1 日新账财务会计科目余额，填列 2019 年净资产变动表各项目的"上年年末余额"；根据 2019 年 1 月 1 日新账预算会计科目余额，填列 2019 年预算结转结余变动表的"年初预算结转结余"项目和财政拨款预算收入支出表的"年初财政拨款结转结余"项目。

（四）新旧会计核算制度在衔接时的其他规定

截至 2018 年 12 月 31 日尚未进行基建"并账"的单位，应当首先参照《新旧行政单位会计制度有关衔接问题的处理规定》（财库〔2013〕219 号），将基建账套的相关数据并入 2018 年 12 月 31 日原账中的相关科目余额，再按照《政府会计制度——行政事业单位会计科目和报表》与《行政单位会计制度》《事业单位会计制度》有关衔接问题的处理规定将 2018 年 12 月 31 日原账的相关会计科目余额转入新账的相应科目。

2019 年 1 月 1 日前执行《政府会计制度——行政事业单位会计科目和报表》的单位，应当参照该规定做好新旧制度衔接工作。

附录1： 行政事业单位会计科目和报表

附表1　行政单位原会计科目余额明细表一

总账科目	明细分类	金额	备注
库存现金	库存现金		
	其中：受托代理现金		
银行存款	银行存款		
	其中：受托代理银行存款		
	其他货币资金		
其他应收款	在途物资		已经付款，尚未收到物资
	其他		
存货	在加工存货		
	非在加工存货		
	政府储备物资		
固定资产	固定资产		
	公共基础设施		
	政府储备物资		
	文物文化资产		
	保障性住房		
累计折旧	固定资产累计折旧		
	公共基础设施累计折旧		
	保障性住房累计折旧		

（续上表）

总账科目	明细分类	金额	备注
在建工程	在建工程		
	工程物资		
	预付工程款、预付备料款		
应缴税费	应交增值税		
	其他应交税费		
应付账款	应付质量保证金		购置固定资产、完成在建工程等扣留的质量保证金
	其他		

附表2　行政单位原会计科目余额明细表二

总账科目	明细分类	金额	备注
其他应收款	预付款项		如职工预借的差旅费等
	其中：财政拨款资金预付		
	非财政拨款专项资金预付		
	非财政拨款非专项资金预付		
	需要收回及其他		如支付的押金、应收为职工垫付的款项等

附表3　行政单位新旧会计制度转账、登记新账科目对照表

序号	新制度科目		原制度科目	
	编号	名称	编号	名称
一、资产类				
1	1001	库存现金	1001	库存现金
2	1002	银行存款	1002	银行存款
3	1021	其他货币资金		
4	1011	零余额账户用款额度	1011	零余额账户用款额度
5	1201	财政应返还额度	1021	财政应返还额度
6	1212	应收账款	1212	应收账款
7	1214	预付账款	1213	预付账款
			1511	在建工程
8	1218	其他应收款	1215	其他应收款
9	1301	在途物品		
10	1302	库存物品	1301	存货
11	1303	加工物品		
12	1811	政府储备物资		
13	1601	固定资产	1501	固定资产
	1801	公共基础设施		
	1811	政府储备物资		
14	1821	文物文化资产		
15	1831	保障性住房		
16	1602	固定资产累计折旧	1502	累计折旧
17	1802	公共基础设施累计折旧（摊销）		
18	1832	保障性住房累计折旧		
19	1611	工程物资	1511	在建工程
20	1613	在建工程		
21	1701	无形资产	1601	无形资产

（续上表）

序号	新制度科目		原制度科目	
	编号	名称	编号	名称
22	1702	无形资产累计摊销	1602	累计摊销
23	1801	公共基础设施	1802	公共基础设施
24	1811	政府储备物资	1801	政府储备物资
25	1891	受托代理资产	1901	受托代理资产
26	1902	待处理财产损溢	1701	待处理财产损溢
	二、负债类			
27	2103	应缴财政款	2001	应缴财政款
28	2101	应交增值税	2101	应缴税费
29	2102	其他应交税费		
30	2201	应付职工薪酬	2201	应付职工薪酬
31	2302	应付账款	2301	应付账款
	2307	其他应付款		
32	2303	应付政府补贴款	2302	应付政府补贴款
33	2307	其他应付款	2305	其他应付款
34	2502	长期应付款	2401	长期应付款
35	2901	受托代理负债	2901	受托代理负债
	三、净资产类			
36	3001	累计盈余	3001	财政拨款结转
			3002	财政拨款结余
			3101	其他资金结转结余
			3501	资产基金
			3502	待偿债净资产
	四、预算结余类			
37	8101	财政拨款结转	3001	财政拨款结转
38	8102	财政拨款结余	3002	财政拨款结余

(续上表)

序号	新制度科目		原制度科目	
	编号	名称	编号	名称
39	8201	非财政拨款结转	3101	其他资金结转结余
40	8202	非财政拨款结余		
41	8001	资金结存（借方）	3001	财政拨款结转
			3002	财政拨款结余
			3101	其他资金结转结余

附表4　事业单位原会计科目余额明细表一

总账科目	明细分类	金额	备注
库存现金	库存现金		
	其中：受托代理现金		
银行存款	银行存款		
	其中：受托代理银行存款		
	其他货币资金		
其他应收款	在途物资		已经付款或已开出商业汇票，尚未收到物资
	其他		
存货	在加工存货		
	非在加工存货		
	工程物资		
	政府储备物资		
	受托代理资产		
长期投资	长期股权投资		
	长期债券投资		

(续上表)

总账科目	明细分类	金额	备注
固定资产	固定资产		
	公共基础设施		
	政府储备物资		
	文物文化资产		
	保障性住房		
累计折旧	固定资产累计折旧		
	公共基础设施累计折旧		
	保障性住房累计折旧		
在建工程	在建工程		
	工程物资		
	预付工程款、预付备料款		
应缴税费	应交增值税		
	其他应交税费		
其他应付款	受托代理负债		因接受代管资金形成的应付款
	其他		

附表5　事业单位原会计科目余额明细表二

总账科目	明细分类	金额	备注
应收票据、应收账款	发生时不计入预算收入		如转让资产的应收票据、应收账款
	发生时计入预算收入		
	其中：专项收入		
	其他		
预付账款	财政补助资金预付		
	非财政补助专项资金预付		
	非财政补助非专项资金预付		
其他应收款	预付款项		如职工预借的差旅费等
	其中：财政补助资金预付		
	非财政补助专项资金预付		
	非财政补助非专项资金预付		
	需要收回及其他		如支付的押金、应收为职工垫付的款项等
存货	购入存货		
	其中：使用财政补助资金购入		
	使用非财政补助专项资金购入		
	使用非财政补助非专项资金购入		
	非购入存货		如无偿调入、接受捐赠的存货等

（续上表）

总账科目	明细分类	金额	备注
长期投资	长期股权投资		
	其中：用现金资产取得		
	用非现金资产或其他方式取得		
	长期债券投资		
应付票据、应付账款	发生时不计入预算支出		
	发生时计入预算支出		
	其中：财政补助资金应付		
	非财政补助专项资金应付		
	非财政补助非专项资金应付		
预收账款	预收专项资金		
	预收非专项资金		

附表6　事业单位新旧会计制度转账、登记新账科目对照表

序号	新制度科目		原制度科目	
	编号	名称	编号	名称
一、资产类				
1	1001	库存现金	1001	库存现金
2	1002	银行存款	1002	银行存款
3	1021	其他货币资金		
4	1011	零余额账户用款额度	1011	零余额账户用款额度
5	1201	财政应返还额度	1201	财政应返还额度
6	1101	短期投资	1101	短期投资
7	1211	应收票据	1211	应收票据
8	1212	应收账款	1212	应收账款
9	1214	预付账款	1213	预付账款
			1511	在建工程
10	1218	其他应收款	1215	其他应收款
11	1301	在途物品		
12	1302	库存物品	1301	存货
13	1303	加工物品		
14	1611	工程物资		
15	1811	政府储备物资		
16	1891	受托代理资产		
17	1501	长期股权投资	1401	长期投资
18	1502	长期债券投资		
19	1601	固定资产	1501	固定资产
20	1801	公共基础设施		
21	1811	政府储备物资		
22	1821	文物文化资产		
23	1831	保障性住房		

(续上表)

序号	新制度科目		原制度科目	
	编号	名称	编号	名称
24	1602	固定资产累计折旧	1502	累计折旧
25	1802	公共基础设施累计折旧（摊销）		
26	1832	保障性住房累计折旧		
27	1611	工程物资	1511	在建工程
	1613	在建工程		
28	1701	无形资产	1601	无形资产
29	1702	无形资产累计摊销	1602	累计摊销
30	1902	待处理财产损溢	1701	待处置资产损溢
二、负债类				
31	2001	短期借款	2001	短期借款
32	2101	应交增值税	2101	应缴税费
33	2102	其他应交税费		
34	2103	应缴财政款	2102	应缴国库款
			2103	应缴财政专户款
35	2201	应付职工薪酬	2201	应付职工薪酬
36	2301	应付票据	2301	应付票据
37	2302	应付账款	2302	应付账款
38	2305	预收账款	2303	预收账款
39	2307	其他应付款	2305	其他应付款
40	2901	受托代理负债		
41	2501	长期借款	2401	长期借款
42	2502	长期应付款	2402	长期应付款

（续上表）

序号	新制度科目		原制度科目	
	编号	名称	编号	名称
三、净资产类				
43	3001	累计盈余	3001	事业基金
			3101	非流动资产基金
			3301	财政补助结转
			3302	财政补助结余
			3401	非财政补助结转
			3403	经营结余
44	3101	专用基金	3201	专用基金
四、预算结余类				
45	8101	财政拨款结转	3301	财政补助结转
46	8102	财政拨款结余	3302	财政补助结余
47	8201	非财政拨款结转	3401	非财政补助结转
48	8202	非财政拨款结余	3001	事业基金
49	8301	专用结余	3201	专用基金
50	8401	经营结余	3403	经营结余
51	8001	资金结存（借方）	3301	财政补助结转
			3302	财政补助结余
			3401	非财政补助结转
			3001	事业基金
			3201	专用基金
			3403	经营结余

第三节 "代建制"模式下的会计核算及其转固

一、"代建制"介绍[①]

根据《关于水利工程建设项目代建制管理的指导意见》，水利工程建设项目代建制，是指政府投资的水利工程建设项目通过招标等方式，选择具有水利工程建设管理经验、技术和能力的专业化项目建设管理单位（以下简称"代建单位"），负责项目的建设实施，竣工验收后移交运行管理单位的制度。

二、政府会计准则对代建制的要求[②]

（一）关于基本建设项目会计核算主体

基本建设项目应当由负责编报基本建设项目预决算的单位（即建设单位）作为会计核算主体。建设单位应当按照《政府会计制度》规定在相关会计科目下分项目对基本建设项目进行明细核算。

基本建设项目管理涉及多个主体难以明确识别会计核算主体的，项目主管部门应当按照《基本建设财务规则》相关规定确定建设单位。

建设项目按照规定实行代建制的，代建单位应当配合建设单位做好项目会计核算和财务管理的基础工作。

（二）关于代建制项目的会计处理

建设项目实行代建制的，建设单位应当要求代建单位通过工程结算或

---

① 参见《关于水利工程建设项目代建制管理的指导意见》（水建管〔2015〕91号）。
② 参见《政府会计准则制度解释第2号》（财会〔2019〕24号）。

年终对账确认在建工程成本的方式，提供项目明细支出、建设工程进度和项目建设成本等资料，归集"在建工程"成本，及时核算所形成的"在建工程"资产，全面核算项目建设成本等情况。有关账务处理规定如下。

1. 关于建设单位的账务处理

（1）拨付代建单位工程款时，按照拨付的款项金额，借记"预付账款——预付工程款"科目，贷记"财政拨款收入""零余额账户用款额度""银行存款"等科目；同时，在预算会计中借记"行政支出""事业支出"等科目，贷记"财政拨款预算收入""资金结存"科目。分录如下：

财务会计：

借：预付账款——预付工程款

  贷：财政拨款收入/零余额账户用款额度/银行存款等

预算会计：

借：行政支出/事业支出等

  贷：财政拨款预算收入/资金结存

（2）按照工程进度结算工程款或年终代建单位对账确认在建工程成本时，按照确定的金额，借记"在建工程"科目下的"建筑安装工程投资"等明细科目，贷记"预付账款——预付工程款"等科目。分录如下：

借：在建工程

  贷：预付账款——预付工程款

（3）确认代建管理费时，按照确定的金额，借记"在建工程"科目下的"待摊投资"明细科目，贷记"预付账款——预付工程款"等科目。分录如下：

借：在建工程——待摊投资

  贷：预付账款——预付工程款

（4）项目完工交付使用资产时，按照代建单位转来在建工程成本中尚未确认入账的金额，借记"在建工程"科目下的"建筑安装工程投资"等明细科目，贷记"预付账款——预付工程款"等科目；同时，按照在建工程成本，借记"固定资产""公共基础设施"等科目，贷记"在建工程"科目。

工程结算、确认代建费或竣工决算时涉及补付资金的，应当在确认在建工程的同时，按照补付的金额，贷记"财政拨款收入""零余额账户用款额度""银行存款"等科目；同时在预算会计中进行相应的账务处理。

分录如下：

财务会计：

借：在建工程

　　贷：预付账款——预付工程款

同时，借：固定资产/公共基础设施

　　　　贷：在建工程

预算会计：

借：行政支出/事业支出

　　贷：财政拨款预算收入/资金结存等

2. 关于代建单位的账务处理

代建单位为事业单位的，应当设置"1615代建项目"一级科目，并与建设单位相对应，按照工程性质和类型设置"建筑安装工程投资""设备投资""待摊投资""其他投资""待核销基建支出""基建转出投资"等明细科目，对所承担的代建项目建设成本进行会计核算，全面反映工程的资金资源消耗情况；同时，在"代建项目"科目下设置"代建项目转出"明细科目，通过工程结算或年终对账确认在建工程成本的方式，将代建项目的成本转出，体现在建设单位相应"在建工程"账上。年末，"代建项目"科目应无余额。有关账务处理规定如下。

(1) 收到建设单位拨付的建设项目资金时，按照收到的款项金额，借记"银行存款"等科目，贷记"预收账款——预收工程款"科目。预算会计不做处理。分录如下：

借：银行存款

　　贷：预收账款——预收工程款

(2) 工程项目使用资金或发生其他耗费时，按照确定的金额，借记"代建项目"科目下的"建筑安装工程投资"等明细科目，贷记"银行存款""应付职工薪酬""工程物资""累计折旧"等科目。预算会计不做处理。分录如下：

借：代建项目

　　贷：银行存款

　　　　应付职工薪酬

　　　　工程物资

　　　　累计折旧

（3）按工程进度与建设单位结算工程款或年终与建设单位对账确认在建工程成本并转出时，按照确定的金额，借记"代建项目——代建项目转出"科目，贷记"代建项目"科目下的"建筑安装工程投资"等明细科目；同时，借记"预收账款——预收工程款"等科目，贷记"代建项目——代建项目转出"科目。分录如下：

借：代建项目——代建项目转出
　　贷：代建项目——建筑安装工程投资等
同时，借：预收账款——预收工程款
　　　　　贷：代建项目——代建项目转出

（4）确认代建费收入时，按照确定的金额，借记"预收账款——预收工程款"等科目，贷记有关收入科目；同时，在预算会计中借记"资金结存"科目，贷记有关预算收入科目。分录如下：

财务会计：
借：预收账款——预收工程款
　　贷：财政拨款收入等
预算会计：
借：资金结存
　　贷：财政拨款预算收入等

（5）项目完工交付使用资产时，按照代建项目未转出的在建工程成本，借记"代建项目——代建项目转出"科目，贷记"代建项目"科目下的"建筑安装工程投资"等明细科目，同时，借记"预收账款——预收工程款"等科目，贷记"代建项目——代建项目转出"科目。分录如下：

借：代建项目——代建项目转出
　　贷：代建项目——建筑安装工程投资等
同时，借：预收账款——预收工程款
　　　　　贷：代建项目——代建项目转出

工程竣工决算时收到补付资金的，按照补付的金额，借记"银行存款"等科目，贷记"预收账款——预收工程款"科目。分录如下：

借：银行存款
　　贷：预收账款——预收工程款

代建单位为企业的，按照企业类会计准则制度相关规定进行账务处理。

3. 关于新旧衔接的规定

建设单位在首次执行《政府会计准则制度解释第 2 号》（以下简称"本解释"）时尚未登记应确认的在建工程的，应当按照本解释规定确定的建设成本，借记"在建工程"科目，贷记"累计盈余"科目。代建单位在首次执行本解释时已将代建项目登记为在建工程的，应当按照"在建工程"科目余额，借记"累计盈余"科目，贷记"在建工程"科目。建设单位应与代建单位做好在建工程入账的协调，确保在建工程在记账上不重复、不遗漏。分录如下：

（1）建设单位在首次执行本解释时尚未登记应确认的在建工程的。

借：在建工程

  贷：累计盈余

（2）代建单位在首次执行本解释时已将代建项目登记为在建工程的。

借：累计盈余

  贷：在建工程

第四节　PPP 等新管理模式

一、政府和社会资本合作项目合同

2019 年 12 月财政部制定印发《政府会计准则第 10 号——政府和社会资本合作项目合同》，自 2021 年 1 月 1 日起施行。

（一）政府和社会资本合作项目合同概述

政府和社会资本合作（Public-Private Partnership，简称 PPP）项目合同，是指政府方与社会资本方依法依规就 PPP 项目合作所订立的合同，该合同应当同时具有以下特征：一是社会资本方在合同约定的运营期间内代表政府方使用 PPP 项目资产提供公共产品和服务，二是社会资本方在合同约定的期间内就其提供的公共产品和服务获得补偿（以下简称"双特征")。

政府方是指政府授权或指定的 PPP 项目实施机构，通常为政府有关职能部门或事业单位。社会资本方是指与政府方签署 PPP 项目合同的社会资本或项目公司。PPP 项目资产是指 PPP 项目合同中确定的用来提供公共产品和服务的资产。该资产有以下两方面来源：一是由社会资本方投资建造或者从第三方购买，或者是社会资本方的现有资产；二是政府方现有资产，或者对政府方现有资产进行改建、扩建。

（二）《政府会计准则第 10 号——政府和社会资本合作项目合同》适用范围

《政府会计准则第 10 号——政府和社会资本合作项目合同》（以下简称"第 10 号准则"）适用于同时满足以下条件的 PPP 项目合同：一是政府方控制或管制社会资本方使用 PPP 项目资产必须提供的公共产品和服务的类型、对象和价格；二是 PPP 项目合同终止时，政府方通过所有权、收益权或其他形式控制 PPP 项目资产的重大剩余权益（以下简称"双控制"）。

采用建设—运营—移交（BOT）、转让—运营—移交（TOT）、改建—运营—移交（ROT）方式运作的 PPP 项目合同，通常情况下同时满足"双特征"与"双控制"的条件，适用第 10 号准则。采用建设—拥有—经营—移交（BOOT）、委托运营（O&M）等其他运作方式的项目合同，同时满足"双特征""双控制"条件的，也适用第 10 号准则。

下列各项适用其他相关会计准则：

（1）不同时具有 PPP 项目合同"双特征"的合同，如建设—移交（BT）、租赁、无偿捐赠等，不属于 PPP 项目合同，不适用第 10 号准则，应当由政府方按照其他相关政府会计准则制度的规定进行会计处理。

（2）满足"双特征"，但不同时满足 PPP 项目合同"双控制"的合同，如采用建设—拥有—运营（BOO）、转让—拥有—运营（TOO）等方式运作的 PPP 项目合同，不适用第 10 号准则，应当由政府方按照其他相关政府会计准则制度的规定进行会计处理。

（3）PPP 项目合同中有关政府方对项目公司的直接投资，适用《政府会计准则第 2 号——投资》；有关代表政府出资的企业对项目公司的投资，适用相关企业会计准则。

（4）社会资本方对 PPP 项目合同的确认、计量和相关信息的披露，适用相关企业会计准则。

（三）PPP 项目资产的确认

符合"双特征""双条件"的 PPP 项目资产，在同时满足以下条件时，应当由政府方予以确认：①与该资产相关的服务潜力很可能实现或者经济利益很可能流入；②该资产的成本或者价值能够可靠地计量。

确认时点分别有：①由社会资本方投资建造或从第三方购买形成的 PPP 项目资产，政府方应当在 PPP 项目资产验收合格交付使用时予以确认；②使用社会资本方现有资产形成的 PPP 项目资产，政府方应当在 PPP 项目开始运营日予以确认；③政府方使用其现有资产形成 PPP 项目资产的，应当在 PPP 项目开始运营日将其现有资产重分类为 PPP 项目资产；④社会资本方对政府方现有资产进行改建、扩建形成的 PPP 项目资产，政府方应当在 PPP 项目资产验收合格交付使用时予以确认，同时终止确认现有资产。

PPP 项目合同终止时，PPP 项目资产按规定移交至政府方的，政府方应当根据 PPP 项目资产的性质和用途，将其重分类为公共基础设施等资产。

（四）PPP 项目资产的计量

政府方在取得 PPP 项目资产时一般应当按照成本进行初始计量；按规定需要进行资产评估的，应当按照评估价值进行初始计量。

（1）社会资本方投资建造形成的 PPP 项目资产，其成本包括该项资产自建造开始至验收合格交付使用前所发生的全部必要支出，包括建筑安装工程投资、设备投资、待摊投资、其他投资等支出。

已交付使用但尚未办理竣工财务决算手续的 PPP 项目资产，应当按照暂估价值入账，待办理竣工财务决算后，再按照实际成本调整原来的暂估价值。

（2）社会资本方从第三方购买形成的 PPP 项目资产，其成本包括购买价款、相关税费以及验收合格交付使用前发生的可归属于该项资产的运输费、装卸费、安装费和专业人员服务费等。

(3) 使用社会资本方现有资产形成的 PPP 项目资产，其成本按规定以该项资产的评估价值确定。

(4) 政府方使用其现有资产形成的 PPP 项目资产，无须进行资产评估的，其成本按照 PPP 项目开始运营日该资产的账面价值确定；按照相关规定需要对现有资产进行资产评估的，其成本按照评估价值确定，资产评估价值与评估前资产账面价值的差额计入其他收入或其他费用。

(5) 社会资本方对政府方原有资产进行改建、扩建形成的 PPP 项目资产，其成本按照该资产改建、扩建前的账面价值加上改建、扩建发生的支出，再扣除该资产被替换部分账面价值后的金额确定。

一般情况下，政府方应当参照《政府会计准则第 3 号——固定资产》《政府会计准则第 5 号——公共基础设施》等，对 PPP 项目资产进行后续计量。

PPP 项目合同终止时，PPP 项目资产按规定移交至政府方并进行资产评估的，政府方应当以评估价值作为重分类后资产的入账价值，评估价值与 PPP 项目资产账面价值的差额计入其他收入或其他费用；政府方按规定无须对移交的 PPP 项目资产进行资产评估的，应当以 PPP 项目资产的账面价值作为重分类后资产的入账价值。

(五) PPP 项目净资产的确认和计量

1. PPP 项目净资产的确认

政府方在确认 PPP 项目资产时，应当同时确认一项 PPP 项目净资产，PPP 项目净资产的初始入账金额与 PPP 项目资产的初始入账金额相等。

(1) 政府方使用其现有资产形成 PPP 项目资产的，在初始确认 PPP 项目资产时，应当同时终止确认现有资产，不确认 PPP 项目净资产。

(2) 社会资本方对政府方原有资产进行改建、扩建形成 PPP 项目资产的，政府方应当仅按照 PPP 项目资产初始入账金额与政府方现有资产账面价值的差额确认 PPP 项目净资产。

(3) 按照 PPP 项目合同约定，政府方承担向社会资本方支付款项的义务的，相关义务应当按照《政府会计准则第 8 号——负债》有关规定进行会计处理，会计处理结果不影响 PPP 项目资产及净资产的账面价值。

（4）政府方按照《政府会计准则第 8 号——负债》有关规定不确认负债的，应当在支付款项时计入当期费用。政府方按照《政府会计准则第 8 号——负债》有关规定确认负债的，应当同时确认当期费用；在以后期间支付款项时，相应冲减负债的账面余额。

（5）在 PPP 项目合同约定的期间内，政府方从社会资本方收到款项的，应当按规定做应缴款项处理或计入当期收入。

（6）在 PPP 项目运营过程中，政府方因 PPP 项目资产改建、扩建等后续支出增加 PPP 项目资产成本的，应当同时增加 PPP 项目净资产的账面余额。

2. PPP 项目折旧（摊销）

政府方按照《政府会计准则第 10 号——政府和社会资本合作项目合同》规定在确认 PPP 项目资产的同时确认 PPP 项目净资产的，在 PPP 项目运营期间内，按月对该 PPP 项目资产计提折旧（摊销）的，应当于计提折旧（摊销）时冲减 PPP 项目净资产的账面余额。

（1）政府方初始确认的 PPP 项目净资产金额等于 PPP 项目资产初始入账金额的，应当按照计提的 PPP 项目资产折旧（摊销）金额，等额冲减 PPP 项目净资产的账面余额。

（2）政府方初始确认的 PPP 项目净资产金额小于 PPP 项目资产初始入账金额的，应当按照计提的 PPP 项目资产折旧（摊销）金额的相应比例（即 PPP 项目净资产初始入账金额占 PPP 项目资产初始入账金额的比例），冲减 PPP 项目净资产的账面余额；当期计提的折旧（摊销）金额与所冲减的 PPP 项目净资产金额的差额，应当计入业务活动费用。

PPP 项目合同终止时，政府方应当将尚未冲减完的 PPP 项目净资产账面余额转入累计盈余。

（六）PPP 项目核算（以 BOT 模式为例）

建设—运营—移交模式（BOT 模式）是由社会资本方或项目公司负责 PPP 项目的设计、融资、建造，并由其承担运营、维护和用户服务职责，合同期满后再将项目资产及相关权利等移交给政府的一种运作方式。这种运作方式适用于能够产生一定经济利益的准公共基础设施，如高速公路、地铁等，符合《政府会计准则第 10 号——政府和社会资本合作项目合同》

规定的"双特征"和"双控制"特征。因此，BOT 运作模式适用《政府会计准则第 10 号——政府和社会资本合作项目合同》的规定。

下列科目设置来自财政部 2020 年 12 月 17 日发布的《〈政府会计准则第 10 号——政府和社会资本合作项目合同〉应用指南》。

会计核算处理如下。

1. 资产验收合格交付使用时

借：PPP 项目资产

　　贷：PPP 项目净资产

2. 按月计提折旧时

借：PPP 项目净资产

　　贷：PPP 项目资产累计折旧（摊销）

3. 合同期满后移交 PPP 项目资产时

借：公共基础设施（估值或按账面价值）

　　PPP 项目资产累计折旧（摊销）

　　贷：PPP 项目资产

　　　　其他收入等（或借）

同时，借：PPP 项目净资产

　　　　贷：累计盈余

（七）列报

政府方应当在资产负债表中单独列示 PPP 项目资产及相应的 PPP 项目净资产。政府方应当在附注中披露与 PPP 项目合同有关的下列信息。

（1）对 PPP 项目合同的总体描述。

（2）PPP 项目合同中的重要条款：①PPP 项目合同主要参与方；②合同生效日、建设完工日、运营开始日、合同终止日等关键时点；③PPP 项目资产的来源；④PPP 项目的付费方式；⑤合同终止时资产移交的权利和义务；⑥政府方和社会资本方其他重要权利和义务。

（3）报告期间所发生的 PPP 项目合同变更情况。

（4）相关会计信息：①政府方确认的 PPP 项目资产及其类别；②PPP 项目资产、PPP 项目净资产初始入账金额及其确定依据；③政府方确认的与 PPP 项目合同有关的负债金额及其确定依据；④报告期内 PPP 项目资产折旧（摊销）冲减 PPP 项目净资产的金额；⑤报告期内政府方向社会资本方支付的款项金额，或者从社会资本方收到的款项金额；⑥其他需要披露的会计信息。

二、工程总承包

住房和城乡建设部、国家发展改革委以《关于印发〈房屋建筑和市政基础设施项目工程总承包管理办法〉的通知》（建市规〔2019〕12 号）印发《房屋建筑和市政基础设施项目工程总承包管理办法》，该办法自 2020 年 3 月 1 日起施行。

工程总承包（Engineering-Procurement-Construction，简称 EPC/交钥匙），是指承包单位按照与建设单位签订的合同，对工程设计、采购、施工或者设计、施工等阶段实行总承包，并对工程的质量、安全、工期和造价等全面负责的工程建设组织实施方式。

（一）工程总承包项目的发包

建设单位应当根据项目情况和自身管理能力等，合理选择工程建设组织实施方式。建设内容明确、技术方案成熟的项目，适宜采用工程总承包方式。

1. 项目备案

建设单位应当在发包前完成项目审批、核准或者备案程序。采用工程总承包方式的企业投资项目，应当在核准或者备案后进行工程总承包项目发包。

采用工程总承包方式的政府投资项目，原则上应当在初步设计审批完成后进行工程总承包项目发包。其中，按照国家有关规定简化报批文件和审批程序的政府投资项目，应当在完成相应的投资决策审批后进行工程总承包项目发包。

2. 选择单位

建设单位依法采用招标或者直接发包等方式选择工程总承包单位。

工程总承包项目范围内的设计、采购或者施工中，有任一项属于依法必须进行招标的项目范围且达到国家规定规模标准的，应当采用招标的方式选择工程总承包单位。

建设单位应当根据招标项目的特点和需要编制工程总承包项目招标文件，主要包括以下内容：

(1) 投标人须知。

(2) 评标办法和标准。

(3) 拟签订合同的主要条款。

(4) 发包人要求，列明项目的目标、范围、设计和其他技术标准，包括对项目的内容、范围、规模、标准、功能、质量、安全、节约能源、生态环境保护、工期、验收等的明确要求。

(5) 建设单位提供的资料和条件，包括发包前完成的水文地质、工程地质、地形等勘察资料，以及可行性研究报告、方案设计文件或者初步设计文件等。

(6) 投标文件格式。

(7) 要求投标人提交的其他材料。

建设单位可以在招标文件中提出对履约担保的要求，依法要求投标文件载明拟分包的内容；对于设有最高投标限价的，应当明确最高投标限价或者最高投标限价的计算方法。

(二) 工程总承包项目的承包

工程总承包单位应当同时具有与工程规模相适应的工程设计资质和施工资质，或者由具有相应资质的设计单位和施工单位组成联合体。工程总承包单位应当具有相应的项目管理体系和项目管理能力、财务和风险承担能力，以及与发包工程相类似的设计、施工或者工程总承包业绩。设计单位和施工单位组成联合体的，应当根据项目的特点和复杂程度，合理确定牵头单位，并在联合体协议中明确联合体成员单位的责任和权利。联合体各方应当共同与建设单位签订工程总承包合同，就工程总承包项目承担连带责任。

工程总承包单位不得是工程总承包项目的代建单位、项目管理单位、监理单位、造价咨询单位、招标代理单位。政府投资项目的项目建议书、可行性研究报告、初步设计文件编制单位及其评估单位，一般不得成为该项目的工程总承包单位。政府投资项目招标人公开已经完成的项目建议书、可行性研究报告、初步设计文件的,上述单位可以参与该工程总承包项目的投标,经依法评标、定标,成为工程总承包单位。

建设单位承担的风险主要包括以下5个方面。

(1) 主要工程材料、设备、人工价格与招标时基期价相比,波动幅度超过合同约定幅度的部分。

(2) 因国家法律法规政策变化引起的合同价格的变化。

(3) 不可预见的地质条件造成的工程费用和工期的变化。

(4) 因建设单位原因产生的工程费用和工期的变化。

(5) 不可抗力造成的工程费用和工期的变化。

(三) 工程总承包项目实施

1. 项目管理机构

建设单位根据自身资源和能力,可以自行对工程总承包项目进行管理,也可以委托勘察设计单位、代建单位等项目管理单位,赋予相应权利,依照合同对工程总承包项目进行管理。

工程总承包单位应当建立与工程总承包相适应的组织机构和管理制度,形成项目设计、采购、施工、试运行管理以及质量、安全、工期、造价、节约能源和生态环境保护管理等工程总承包综合管理能力。

工程总承包单位应当设立项目管理机构,设置项目经理,配备相应管理人员,加强设计、采购与施工的协调,完善和优化设计,改进施工方案,实现对工程总承包项目的有效管理控制。

工程总承包项目经理应当具备下列4个条件。

(1) 取得相应工程建设类注册执业资格,包括注册建筑师、勘察设计注册工程师、注册建造师或者注册监理工程师等;未实施注册执业资格的,取得高级专业技术职称。

(2) 担任过与拟建项目相类似的工程总承包项目经理、设计项目负责人、施工项目负责人或者项目总监理工程师。

(3) 熟悉工程技术和工程总承包项目管理知识以及相关法律法规、标准规范。

(4) 具有较强的组织协调能力和良好的职业道德。

工程总承包项目经理不得同时在两个或者两个以上工程项目担任工程

总承包项目经理、施工项目负责人。

2. 分包

工程总承包单位可以采用直接发包的方式进行分包。但以暂估价形式包括在总承包范围内的工程、货物、服务分包时，属于依法必须进行招标的项目范围且达到国家规定规模标准的，应当依法招标。

建设单位不得迫使工程总承包单位以低于成本的价格竞标，不得明示或者暗示工程总承包单位违反工程建设强制性标准、降低建设工程质量，不得明示或者暗示工程总承包单位使用不合格的建筑材料、建筑构配件和设备。工程总承包单位应当对其承包的全部建设工程质量负责，分包单位对其分包工程的质量负责，分包不免除工程总承包单位对其承包的全部建设工程所负的质量责任。工程总承包单位、工程总承包项目经理依法承担质量终身责任。

建设单位不得对工程总承包单位提出不符合建设工程安全生产法律、法规和强制性标准规定的要求，不得明示或者暗示工程总承包单位购买、租赁、使用不符合安全施工要求的安全防护用具、机械设备、施工机具及配件、消防设施和器材。工程总承包单位对承包范围内工程的安全生产负总责。分包单位应当服从工程总承包单位的安全生产管理，分包单位不服从管理导致生产安全事故的，由分包单位承担主要责任，分包不免除工程总承包单位的安全责任。

工程总承包单位和工程总承包项目经理在设计、施工活动中有转包、违法分包等违法违规行为或者造成工程质量安全事故的，按照法律法规对设计、施工单位及其项目负责人相同违法违规行为的规定追究责任。

三、基础设施和公用事业特许经营

国家发展和改革委员会等部门于 2015 年 4 月 25 日发布了《基础设施和公用事业特许经营管理办法》，自 2015 年 6 月 1 日起施行。

（一）特许经营的概述

基础设施和公用事业特许经营，是指政府采用竞争方式依法授权中华人民共和国境内外的法人或者其他组织，通过协议明确权利义务和风险分担，约定其在一定期限和范围内投资建设运营基础设施和公用事业并获得收益，提供公共产品或者公共服务。

特许经营项目应当符合国民经济和社会发展总体规划、主体功能区规划、区域规划、环境保护规划和安全生产规划等专项规划、土地利用规划、城乡规划、中期财政规划等，并且建设运营标准和监管要求明确。

1. **特许经营遵循的原则**

基础设施和公用事业特许经营应当坚持公开、公平、公正，保护各方信赖利益，并遵循以下原则：

（1）发挥社会资本融资、专业、技术和管理优势，提高公共服务质量效率。

（2）转变政府职能，强化政府与社会资本协商合作。

（3）保护社会资本合法权益，保证特许经营持续性和稳定性。

（4）兼顾经营性和公益性平衡，维护公共利益。

2. **特许经营采取的方式**

基础设施和公用事业特许经营可以采取以下方式：

（1）在一定期限内，政府授予特许经营者投资新建或改扩建、运营基础设施和公用事业，期限届满移交政府。

（2）在一定期限内，政府授予特许经营者投资新建或改扩建、拥有并运营基础设施和公用事业，期限届满移交政府。

（3）特许经营者投资新建或改扩建基础设施和公用事业并移交政府后，由政府授予其在一定期限内运营。

（4）国家规定的其他方式。

（二）特许经营协议订立

1. **提出实施方案**

县级以上人民政府有关行业主管部门或政府授权部门（以下简称"项目提出部门"）可以根据经济社会发展需求，以及有关法人和其他组织提出的特许经营项目建议等，提出特许经营项目实施方案。项目提出部门应当保证特许经营项目的完整性和连续性。

特许经营项目实施方案应当包括以下内容：

(1) 项目名称。

(2) 项目实施机构。

(3) 项目建设规模、投资总额、实施进度,以及提供公共产品或公共服务的标准等基本经济技术指标。

(4) 投资回报、价格及其测算。

(5) 可行性分析,即降低全生命周期成本和提高公共服务质量效率的分析估算等。

(6) 特许经营协议框架草案及特许经营期限。

(7) 特许经营者应当具备的条件及选择方式。

(8) 政府承诺和保障。

(9) 特许经营期限届满后资产处置方式。

(10) 应当明确的其他事项。

项目提出部门可以委托具有相应能力和经验的第三方机构,开展特许经营可行性评估,完善特许经营项目实施方案。需要政府提供可行性缺口补助或者开展物有所值评估的,由财政部门负责开展相关工作。

特许经营可行性评估应当主要包括以下内容:

(1) 特许经营项目全生命周期成本、技术路线和工程方案的合理性,可能的融资方式、融资规模、资金成本,所提供公共服务的质量效率,建设运营标准和监管要求等。

(2) 相关领域市场发育程度,市场主体建设运营能力状况和参与意愿。

(3) 用户付费项目公众支付意愿和能力评估。

2. 实施方案的审查

县级以上地方人民政府应当建立各有关部门参加的基础设施和公用事业特许经营部门协调机制,负责统筹有关政策措施,并组织协调特许经营项目实施和监督管理工作。

项目提出部门依托建立的部门协调机制,会同发展改革、财政、城乡规划、国土、环保、水利等有关部门对特许经营项目实施方案进行审查。经审查认为实施方案可行的,各部门应当根据职责分别出具书面审查意见。项目提出部门综合各部门书面审查意见,报本级人民政府或其授权部门审定特许经营项目实施方案。

县级以上人民政府应当授权有关部门或单位作为实施机构负责特许经

营项目有关实施工作,并明确具体授权范围。

3. 选择特许经营者

实施机构根据经审定的特许经营项目实施方案,应当通过招标、竞争性谈判等竞争方式选择特许经营者。特许经营项目建设运营标准和监管要求明确、有关领域市场竞争比较充分的,应当通过招标方式选择特许经营者。

实施机构应当在招标或谈判文件中载明是否要求成立特许经营项目公司。

实施机构应当公平择优,选择具有相应管理经验、专业能力、融资实力以及信用状况良好的法人或者其他组织作为特许经营者。鼓励金融机构与参与竞争的法人或其他组织共同制定投融资方案。特许经营者的选择应当符合内外资准入等有关法律、行政法规规定。依法选定的特许经营者,应当向社会公示。

4. 签订特许经营协议

实施机构应当与依法选定的特许经营者签订特许经营协议。需要成立项目公司的,实施机构应当与依法选定的投资人签订初步协议,约定其在规定期限内注册成立项目公司,并与项目公司签订特许经营协议。

特许经营协议应当主要包括以下内容:

(1) 项目名称、内容。

(2) 特许经营方式、区域、范围和期限。

(3) 项目公司的经营范围、注册资本、股东出资方式、出资比例、股权转让等。

(4) 所提供产品或者服务的数量、质量和标准。

(5) 设施权属,以及相应的维护和更新改造。

(6) 监测评估。

(7) 投融资期限和方式。

(8) 收益取得方式,价格和收费标准的确定方法以及调整程序。

(9) 履约担保。

(10) 特许经营期内的风险分担。

(11) 政府承诺和保障。

(12) 应急预案和临时接管预案。

(13) 特许经营期限届满后,项目及资产移交方式、程序和要求等。

（14）变更、提前终止及补偿。

（15）违约责任。

（16）争议解决方式。

（17）需要明确的其他事项。

5. 特许经营者收益保障

特许经营协议根据有关法律、行政法规和国家规定，可以约定特许经营者通过向用户收费等方式取得收益。向用户收费不足以覆盖特许经营建设、运营成本及合理收益的，可由政府提供可行性缺口补助，包括政府授予特许经营项目相关的其他开发经营权益。

特许经营协议应当明确价格或收费的确定和调整机制。特许经营项目价格或收费应当依据相关法律、行政法规规定和特许经营协议约定予以确定和调整。

政府可以在特许经营协议中就防止不必要的同类竞争性项目建设、必要合理的财政补贴、有关配套公共服务和基础设施的提供等内容做出承诺，但不得承诺固定投资回报和其他法律、行政法规禁止的事项。

6. 政府其他部门提供的支持

特许经营者根据特许经营协议，需要依法办理规划选址、用地和项目核准或审批等手续的，有关部门在进行审核时，应当简化审核内容，优化办理流程，缩短办理时限，对于本部门出具书面审查意见已经明确的事项，不再做重复审查。实施机构应当协助特许经营者办理相关手续。

国家鼓励金融机构为特许经营项目提供财务顾问、融资顾问、银团贷款等金融服务。政策性、开发性金融机构可以给予特许经营项目差异化信贷支持，对符合条件的项目，贷款期限最长可达30年。探索利用特许经营项目预期收益质押贷款，支持利用相关收益作为还款来源。

国家鼓励通过设立产业基金等形式入股提供特许经营项目资本金。鼓励特许经营项目公司进行结构化融资，发行项目收益票据和资产支持票据等。国家鼓励特许经营项目采用成立私募基金，引入战略投资者，发行企业债券、项目收益债券、公司债券、非金融企业债务融资工具等方式拓宽投融资渠道。

县级以上人民政府有关部门可以探索与金融机构设立基础设施和公用事业特许经营引导基金，并通过投资补助、财政补贴、贷款贴息等方式，支持有关特许经营项目建设运营。

（三）特许经营协议变更和终止

在特许经营协议有效期内，协议内容确需变更的，协议当事人应当在协商一致基础上签订补充协议。如协议可能对特许经营项目的存续债务产生重大影响的，应当事先征求债权人同意。特许经营项目涉及直接融资行为的，应当及时做好相关信息披露。特许经营期限届满后确有必要延长的，按照有关规定经充分评估论证，协商一致并报批准后，可以延长。

在特许经营期限内，因特许经营协议一方严重违约或不可抗力等原因，导致特许经营者无法继续履行协议约定义务，或者出现特许经营协议约定的提前终止协议情形的，在与债权人协商一致后，可以提前终止协议。特许经营协议提前终止的，政府应当收回特许经营项目，并根据实际情况和协议约定给予原特许经营者相应补偿。

特许经营期限届满终止或提前终止的，协议当事人应当按照特许经营协议约定，以及有关法律、行政法规和规定办理有关设施、资料、档案等的性能测试、评估、移交、接管、验收等手续。

特许经营期限届满终止或者提前终止，对该基础设施和公用事业继续采用特许经营方式的，实施机构应当根据《基础设施和公用事业特许经营管理办法》规定重新选择特许经营者。因特许经营期限届满重新选择特许经营者的，在同等条件下，原特许经营者优先获得特许经营。新的特许经营者选定之前，实施机构和原特许经营者应当制定预案，保障公共产品或公共服务的持续稳定提供。

四、BT 模式

2009 年 6 月，广东省水利厅印发了《广东省水利建设工程试行 BT 模式的指导意见》。

（一）BT 模式的概述

BT（Build-Transfer，即建设/移交）模式，是指由建设工程项目法人通过公开招标（或经批准的其他方式）确定投融资单位，由投融资单位负责筹措承包工程项目除省级及以上财政投资补助和地方财政拨款外的建设资金，并负责工程建设。项目建成竣工验收（或合同工程完工验收）合格后由项目法人向投融资单位支付回购价款回购工程项目的一种融资方式。

总投资 3000 万元以上或需融资 2000 万元以上的地方公益性水利建设工程项目，经项目所在地方政府批准，可以试行 BT 模式。试行 BT 模式的工程项目的融资（除省级及以上财政投资补助和地方财政拨款外的建设资金）和施工、设备采购等，由投融资单位总承包。

（二）投融资人条件

投融资单位必须具备独立法人资格、具备符合工程项目要求的相关资质、注册资金达到 5000 万元（净资产 6000 万元）以上、管理水平先进、专业技术力量雄厚、业绩突出、信誉良好；且须以自有资金和中长期融资能力作为项目建设保障，不得搞项目反担保；投融资单位能支配的资金必须是拟投标项目所需融资资金的 30% 以上、能用于拟投标项目的自筹资金必须为项目所需融资资金的 1 倍以上、单位净资产必须是项目所需融资资金的 2 倍以上。

投融资单位可以自己名义投标；也可两个以上法人或其他组织组成联合体以一个投标人的身份共同投标，但须以主要出资单位为投标主体，联合体中参与工程建设的施工单位均必须具备工程等级要求的施工资质。

投融资单位必须与工程建设监理单位没有任何隶属关系。

中标投融资单位（施工单位或联合体，统称投融资单位）不得将工程转包或违法分包。

（三）BT 模式融资建设程序

1. 授权确定项目法人单位

实行 BT 模式的水利建设工程项目，由项目所属地方政府组建项目法人，明确项目法人职责，任命项目法人法定代表人和技术负责人，并明确项目法人的组织机构等。

2. 审批确定 BT 融资建设方案

建设项目立项（或取得同意建设的相应文件）后，项目法人编制 BT

融资建设方案,由项目主管水行政主管部门会同发展改革部门和财政部门提出审查意见后,报所属地方政府审批。

3. 确定投融资单位

项目法人通过公开招标(或经批准的其他方式),采用综合评估法,选择符合资质、资格要求的投融资单位。

4. 签订 BT 承包合同

投融资单位确定以后,项目法人与投融资单位就承包工程项目签订 BT 承包合同。合同中应明确建设工程项目投资的支付方式、回购条件和程序、回购期限、工程质量保修、建设期建筑主要材料价格变动和设计变更等引起投资变化的具体处理方式、各级财政投资补助的使用范围和支付方式,以及合同双方其他的责任、权利和义务等。

5. 建设与验收

项目主管水行政主管部门负责指导试行 BT 模式的水利工程项目建设管理,监督 BT 承包合同的执行,协调相关问题。相关职能部门负责项目的全过程监督,对项目的设计、招投标、施工进度、建设质量等进行监督与管理,有权向投融资单位提出管理、组织和技术上的整改措施。

6. 回购和移交

投融资单位完成 BT 承包合同的建设任务、完工验收合格后,移交项目法人进行试运行;符合回购条件的,经签订回购备忘录,启动回购程序。

(1)项目法人回购权利及义务。项目法人在工程竣工验收(或合同工程完工验收)合格后应完整地收购投融资单位融资建设的工程项目。项目法人在回购款项全部清偿之前,投融资单位保留该项目融资资金所占比例的项目产权,但不能以此为由影响业主的正常使用,且不得以该项目作担保。项目法人可提前清偿收购款项,但应提前 1 个月通知投融资单位。自项目进入回购期开始,至回购款全部付清止,项目法人必须承担偿还回购款的相应责任。

(2)回购程序。试行 BT 模式的水利建设工程合同工程完工验收合格后,工程移交项目法人试运行。项目法人与投融资单位按照合同约定的方法对回购条件逐项核查、认定。需中介机构作出结论的,由双方共同委托的机构作出结论。

符合回购条件的,投融资单位与项目法人签订回购备忘录,项目进入回购期。回购备忘录报项目初步设计审批部门和项目主管部门备案。

（3）回购价格。回购费用＝BT 合同承包费用－项目建设期已拨付的各级财政投资补助＋投资收益。

（4）回购期限及支付办法。回购款支付期限一般为 3～6 年，按回购价格预留建筑安装工程费 5% 作为质量保证金，在进入回购的期限内，回购款项由项目法人按照合同分批支付完成，每批支付相应回购金额的同时，计算投资收益。工程项目竣工验收并取得建设工程竣工证书（或合同工程完工验收合格）后的次月一日，为回购款投资收益起始计算日，扣除的 5% 质保金不计算投资收益，回购款在工程竣工验收（或合同工程完工验收）合格并备案移交、档案移交、工程经结算审计、双方签订回购备忘录并报相关部门确认后开始支付。

附录 2： 主要业务和事项账务处理举例

序号	业务和事项内容		账务处理	
			财务会计	预算会计
固定资产				
(1)	固定资产取得	① 外购的固定资产 A. 不需安装的	借：固定资产 贷：财政拨款收入/零余额账户用款额度/应付账款/银行存款等	借：行政支出/事业支出/经营支出等 贷：财政拨款预算收入/资金结存
		B. 需要安装的固定资产先通过"在建工程"科目核算	借：在建工程 贷：财政拨款收入/零余额账户用款额度/应付账款/银行存款等	借：行政支出/事业支出/经营支出等 贷：财政拨款预算收入/资金结存
		安装完工支付使用时	借：固定资产 贷：在建工程	—
		购入固定资产扣留质量保证金的	借：固定资产[不需安装]/在建工程[需要安装] 贷：财政拨款收入/零余额账户用款额度/应付账款/银行存款等 其他应付款[扣留期在1年以内（含1年）]/长期应付款[扣留期超过1年]	借：行政支出/事业支出/经营支出等[购买固定资产实际支付的金额] 贷：财政拨款预算收入/资金结存

（续上表）

序号	业务和事项内容	账务处理	
		财务会计	预算会计
	质保期满支付质量保证金时	借：其他应付款/长期应付款 贷：财政拨款收入/零余额账户用款额度/银行存款等	借：行政支出/事业支出/经营支出等 贷：财政拨款预算收入/资金结存
(1)	固定资产取得 ② 自行建造的固定资产，工程完工支付使用时	借：固定资产 贷：在建工程	—
	③ 融资租入（或跨年度分期付款购入）的固定资产	借：固定资产[不需安装]/在建工程[需安装] 贷：长期应付款[协议或合同确定的租货价款] 财政拨款收入/零余额账户用款额度[实际支付的相关税费等] /银行存款等	借：行政支出/事业支出/经营支出等 贷：财政拨款预算收入/资金结存[实际支付的相关税费、运输费等]
	定期支付租金（或分期付款）时	借：长期应付款 贷：财政拨款收入/零余额账户用款额度/银行存款等	借：行政支出/事业支出/经营支出等 贷：财政拨款预算收入/资金结存

（续上表）

序号	业务和事项内容		账务处理	
			财务会计	预算会计
(1) 固定资产取得	④接受捐赠的固定资产		借：固定资产［不需安装］/在建工程［需安装］ 贷：银行存款/零余额账户用款额度等［发生的相关税费、运输费等］ 捐赠收入［差额］	借：其他支出［支付的相关税费、运输费等］ 贷：资金结存
	接受捐赠的固定资产按照名义金额入账的		借：固定资产［名义金额］ 贷：捐赠收入 借：其他费用 贷：银行存款/零余额账户用款额度等［发生的相关税费、运输费等］	借：其他支出［支付的相关税费、运输费等］ 贷：资金结存
	⑤无偿调入的固定资产		借：固定资产［不需安装］/在建工程［需安装］ 贷：银行存款/零余额账户用款额度等［发生的相关税费、运输费等］ 无偿调拨净资产［差额］	借：其他支出［支付的相关税费、运输费等］ 贷：资金结存
	⑥置换取得的固定资产		参照"库存物品"科目中置换取得库存物品的账务处理	—

（续上表）

序号	业务和事项内容	账务处理 财务会计	账务处理 预算会计
（2）	与固定资产有关的后续支出	符合固定资产确认条件的（提高固定资产使用效能或延长其使用年限而发生的改建、扩建等后续支出）： 借：在建工程［固定资产账面价值］ 　　固定资产累计折旧 　贷：固定资产［账面余额］ 借：在建工程 　贷：财政拨款收入/零余额账户用款额度 　　　/应付账款/银行存款等	借：行政支出/事业支出/经营支出等 　贷：财政拨款预算收入/资金结存
	不符合固定资产确认条件的	借：业务活动费用/单位管理费用/经营费用等 　贷：财政拨款收入/零余额账户用款额度 　　　/银行存款等	—
（3）	固定资产处置	出售、转让固定资产： 借：资产处置费用 　　固定资产累计折旧 　贷：固定资产［账面余额］ 借：银行存款［处置固定资产收到的价款］ 　贷：应缴财政款 　　　银行存款等［发生的相关费用］	借：行政支出/事业支出/经营支出等 　贷：财政拨款预算收入/资金结存

（续上表）

序号	业务和事项内容	账务处理	
		财务会计	预算会计
(3) 固定资产处置	对外捐赠固定资产	借：资产处置费用 　　固定资产累计折旧 贷：固定资产等[账面余额] 　　银行存款等[归属于捐出方的相关费用]	按照对外捐赠过程中发生的归属于捐出方的相关费用 借：其他支出 贷：资金结存
	无偿调出固定资产	借：无偿调拨净资产 　　固定资产累计折旧 贷：固定资产等[账面余额] 　　资产处置费用 　　银行存款等[归属于调出方的相关费用]	—
	置换换出固定资产	参照"库存物品"科目中置换取得库存物品的规定进行账务处理	借：其他支出 贷：资金结存

第二章 水利建设项目的会计核算与竣工财务决算编制

（续上表）

序号	业务和事项内容		账务处理	
			财务会计	预算会计
	固定资产定期盘点清查	盘盈的固定资产	借：固定资产 贷：待处理财产损溢	—
（4）		盘亏、毁损或报废的固定资产	借：待处理财产损溢［账面价值］ 固定资产累计折旧 贷：固定资产［账面余额］	—

固定资产累计折旧

序号	业务和事项内容	账务处理	
		财务会计	预算会计
（1）	按月计提固定资产折旧时	借：业务活动费用/单位管理费用/经营费用等 贷：固定资产累计折旧	—
（2）	处置固定资产时	借：待处理财产损溢/无偿调拨净资产/资产处置费用 固定资产累计折旧 贷：固定资产［账面余额］	涉及资金支付的，参照"固定资产"科目相关账务处理

121

（续上表）

序号	业务和事项内容		账务处理	
			财务会计	预算会计
在建工程				
(1)	建筑安装工程投资	将固定资产等转入改建、扩建时	借：在建工程——建筑安装工程投资 贷：固定资产累计折旧等 固定资产	—
		发包工程预付工程款时	借：预付账款 贷：财政拨款收入/零余额账户用款额度/银行存款等	借：行政支出/事业支出等 贷：财政拨款预算收入/资金结存
		按照进度结算工程款时	借：在建工程——建筑安装工程投资 贷：预付账款 财政拨款收入/零余额账户用款额度/银行存款/应付账款等	借：行政支出/事业支出等[补付款项] 贷：财政拨款预算收入/资金结存
		自行施工小型建筑安装工程发生支出时	借：在建工程——建筑安装工程投资 贷：工程物资/零余额账户用款额度/银行存款/应付款/应付职工薪酬等	借：行政支出/事业支出等[实际支付的款项] 贷：资金结存
		改扩建过程中替换（拆除）原资产某些组成部分的	借：待处理财产损溢 贷：在建工程——建筑安装工程投资	—

（续上表）

序号	业务和事项内容	账务处理	
		财务会计	预算会计
(1)	建筑安装工程投资 工程竣工验收交付使用时	借：固定资产等 贷：在建工程——建筑安装工程投资	—
(2)	设备投资 购入设备时	借：在建工程——设备投资 贷：财政拨款收入/零余额账户用款额度/应付账款/银行存款等	借：行政支出/事业支出等[实际支付的款项] 贷：财政拨款预算收入/资金结存
	安装完毕，交付使用时	借：固定资产 贷：在建工程——设备投资 ——安装工程	—
	将不需要安装设备和达不到固定资产标准的工具器具交付使用时	借：固定资产/库存物资 贷：在建工程——设备投资	—

第二章　水利建设项目的会计核算与竣工财务决算编制

123

（续上表）

序号	业务和事项内容	账务处理 财务会计	账务处理 预算会计
（3）待摊投资	发生构成待摊投资的各类费用时	借：在建工程——待摊投资 贷：财政拨款收入/零余额账户用款额度/银行存款/应付利息/长期借款/其他应交税费等	借：行政支出/事业支出等［实际支付的款项］ 贷：财政拨款预算收入/资金结存
	对于建设过程中试生产、设备调试等产生的收入	借：银行存款等 贷：在建工程——待摊投资［按规定冲减工程成本的部分］ 应缴财政款/其他收入［差额］	借：资金结存 贷：其他预算收入
	经批准将单项工程或单位工程报废净损失计入继续施工的工程成本的	借：在建工程——待摊投资 银行存款/其他应收款等［残料变价收入、赔款等］ 贷：在建工程——建筑安装工程成本 ［毁损报废工程成本］	—
	工程交付使用时，按照一定的分配方法进行待摊投资分配	借：在建工程——建筑安装工程投资 ——设备投资 贷：在建工程——待摊投资	—

（续上表）

序号	业务和事项内容		账务处理	
			财务会计	预算会计
(4)	其他投资	发生其他投资支出时	借：在建工程——其他投资 贷：财政拨款收入/零余额账户用款额度/银行存款等	借：行政支出/事业支出等[实际支付的款项] 贷：财政拨款预算收入/资金结存
		资产交付使用时	借：固定资产/无形资产等 贷：在建工程——其他投资	—
(5)	基建转出投资	建造的产权不归本单位的专用设施转出时	借：在建工程——基建转出投资 贷：在建工程——建筑安装工程投资	—
		冲销转出的在建工程时	借：无偿调拨净资产 贷：在建工程——基建转出投资	—

（续上表）

序号	业务和事项内容	账务处理	
		财务会计	预算会计
(6) 待核销基建支出	发生各类待核销基建支出时	借：在建工程——待核销基建支出 贷：财政拨款收入/零余额账户用款额度/银行存款等	借：行政支出/事业支出[实际支付的款项] 贷：财政拨款预算收入/资金结存
	取消的项目发生的可行性研究费	借：在建工程——待核销基建支出 贷：在建工程——待摊投资	—
	由于自然灾害等原因发生的项目整体报废所形成的净损失	借：在建工程——待核销基建支出 贷：银行存款/其他应收款等[保险赔款收入]，贷：在建工程——建筑安装工程投资等[残料变价收入]	—
	经批准冲销待核销基建支出时	借：资产处置费用 贷：在建工程——待核销基建支出	—

公共基础设施

序号	业务和事项内容	账务处理	
		财务会计	预算会计
(1) 取得公共基础设施	自行建造公共基础设施完工交付使用时	借：公共基础设施 贷：在建工程	—

第二章 水利建设项目的会计核算与竣工财务决算编制

（续上表）

序号	业务和事项内容	账务处理	
		财务会计	预算会计
(1) 取得公共基础设施	接受无偿调入的公共基础设施	借：公共基础设施 贷：无偿调拨净资产 财政拨款收入／零余额账户用款额度／银行存款等［发生的归属于调入方的相关费用］ 如无偿调入的公共基础设施成本无法可靠取得的 借：其他费用［发生的归属于调入方的相关费用］ 贷：财政拨款收入／零余额账户用款额度／银行存款等	—
	接受捐赠的公共基础设施	借：公共基础设施 贷：捐赠收入 财政拨款收入／零余额账户用款额度／银行存款等［发生的归属于捐入方的相关费用］ 如接受捐赠的公共基础设施成本无法可靠取得的 借：其他费用［发生的归属于捐入方的相关费用］ 贷：财政拨款收入／零余额账户用款额度／银行存款等	借：其他支出［支付的归属于捐入方的相关费用］ 贷：财政拨款预算收入／资金结存

（续上表）

序号	业务和事项内容	账务处理	
		财务会计	预算会计
(1)	取得公共基础设施 / 外购的公共基础设施	借：公共基础设施 贷：财政拨款收入/零余额账户用款额度/应付账款/银行存款等	借：行政支出/事业支出 贷：财政拨款预算收入/资金结存
(2)	与公共基础设施有关的后续支出 / 为提高公共基础设施使用效能或延长其使用年限而发生的改建、扩建等后续支出	借：在建工程 公共基础设施累计折旧（摊销） 贷：公共基础设施[账面余额] 借：公共基础设施[发生的相关后续支出] 贷：财政拨款收入/零余额账户用款额度/应付账款/银行存款等	借：行政支出/事业支出[实际支付的款项] 贷：财政拨款预算收入/资金结存
	为维护公共基础设施的正常使用而发生的日常维修、养护等后续支出	借：业务活动费用 贷：财政拨款收入/零余额账户用款额度/银行存款等	借：行政支出/事业支出[实际支付的款项] 贷：财政拨款预算收入/资金结存
(3)	按照规定处置公共基础设施 / 对外捐赠的公共基础设施	借：资产处置费用 公共基础设施累计折旧（摊销） 贷：公共基础设施[账面余额] 银行存款等[归属于捐出方的相关费用]	借：其他支出[支付的归属于捐出方的相关费用] 贷：资金结存等

(续上表)

序号	业务和事项内容	账务处理	
		财务会计	预算会计
(3)	按照规定处置公共基础设施 / 无偿调出的公共基础设施	借：无偿调拨净资产 公共基础设施累计折旧（摊销） 贷：公共基础设施［账面余额］ 借：资产处置费用 贷：银行存款等［归属于调出方的相关费用］	借：其他支出［支付的归属于调出方的相关费用］ 贷：资金结存等
(4)	报废、毁损的公共基础设施	借：待处理财产损溢 公共基础设施累计折旧（摊销） 贷：公共基础设施［账面余额］	—
公共基础设施累计折旧（摊销）			
(1)	按月计提公共基础设施折旧或摊销时	借：业务活动费用 贷：公共基础设施累计折旧（摊销）	—
(2)	处置公共基础设施时	借：待处理财产损溢 公共基础设施累计折旧（摊销） 贷：公共基础设施［账面余额］	—

第五节 水利基本建设项目竣工财务决算编制

《基本建设项目竣工财务决算管理暂行办法》(财建〔2016〕503号)第十二条规定:"中央项目竣工财务决算,由财政部制定统一的审核批复管理制度和操作规程。中央项目主管部门本级以及不向财政部报送年度部门决算的中央单位的项目竣工财务决算,由财政部批复;其他中央项目竣工财务决算,由中央项目主管部门负责批复,报财政部备案。国家另有规定的,从其规定。地方项目竣工财务决算审核批复管理职责和程序要求由同级财政部门确定。经营性项目的项目资本中,财政资金所占比例未超过50%的,项目竣工财务决算可以不报财政部门或者项目主管部门审核批复。项目建设单位应当按照国家有关规定加强工程价款结算和项目竣工财务决算管理。"

根据以上规定,由财政部批复的基本建设项目竣工财务决算编制,适用《基本建设项目竣工财务决算管理暂行办法》;由水利部批复的基本建设项目竣工财务决算编制,适用《水利部基本建设项目竣工财务决算管理暂行办法》(水财务〔2014〕73号)和《水利基本建设项目竣工财务决算编制规程》(SL 19—2014)。

一、由财政部批复的水利基本建设项目竣工财务决算编制[①]

(一)基本规定

基本建设项目(以下简称"项目")完工可投入使用或者试运行合格后,应当在3个月内编报竣工财务决算,特殊情况确需延长的,中小型项目不得超过2个月,大型项目不得超过6个月。

---

① 参见《基本建设项目竣工财务决算管理暂行办法》(财建〔2016〕503号)。

项目竣工财务决算未经审核前，项目建设单位一般不得撤销，项目负责人及财务主管人员、重大项目的相关工程技术主管人员、概（预）算主管人员一般不得调离。项目建设单位确需撤销的，项目有关财务资料应当转入其他机构承接、保管。项目负责人、财务人员及相关工程技术主管人员确需调离的，应当继续承担或协助做好竣工财务决算相关工作。

实行代理记账、会计集中核算和项目代建制的，代理记账单位、会计集中核算单位和代建单位应当配合项目建设单位做好项目竣工财务决算工作。

编制项目竣工财务决算前，项目建设单位应当完成各项账务处理及财产物资的盘点核实，做到账账、账证、账实、账表相符。项目建设单位应当逐项盘点核实、填列各种材料、设备、工具、器具等清单并妥善保管，应变价处理的库存设备、材料以及应处理的自用固定资产要公开变价处理，不得侵占、挪用。

建设周期长、建设内容多的大型项目，单项工程竣工财务决算可单独报批，单项工程结余资金在整个项目竣工财务决算中一并处理。

（二）竣工财务决算编制依据

项目竣工财务决算的编制依据主要包括：国家有关法律法规；经批准的可行性研究报告、初步设计、概算及概算调整文件；招标文件及招标投标书，施工、代建、勘察设计、监理及设备采购等合同，政府采购审批文件、采购合同；历年下达的项目年度财政资金投资计划、预算；工程结算资料；有关的会计及财务管理资料；其他有关资料。

（三）竣工财务决算编制内容

项目竣工财务决算的编制内容主要包括基本建设项目竣工财务决算报表、竣工财务决算说明书、竣工财务决（结）算审核情况及相关资料。

基本建设项目竣工财务决算报表应包括以下8张表（见附表A）：

(1) 项目概况表（A-1）。

(2) 项目竣工财务决算表（A-2）。

(3) 资金情况明细表（A-3）。

(4) 交付使用资产总表（A-4）。

(5) 交付使用资产明细表（A-5）。

(6) 待摊投资明细表（A-6）。

(7) 待核销基建支出明细表（A-7）。

(8) 转出投资明细表（A-8）。

竣工财务决算说明书主要包括以下内容：①项目概况；②会计账务处理、财产物资清理及债权债务的清偿情况；③项目建设资金计划及到位情况，财政资金支出预算、投资计划及到位情况；④项目建设资金使用、项目结余资金分配情况；⑤项目概（预）算执行情况及分析，竣工实际完成投资与概算差异及原因分析；⑥尾工工程情况；⑦历次审计、检查、审核、稽查意见及整改落实情况；⑧主要技术经济指标的分析、计算情况；⑨项目管理经验、主要问题和建议；⑩预备费动用情况；⑪项目建设管理制度执行情况、政府采购情况、合同履行情况；⑫征地拆迁补偿情况、移民安置情况；⑬需说明的其他事项。

项目竣工决（结）算经有关部门或单位进行项目竣工决（结）算审核的，需附完整的审核报告及审核表，审核报告内容应当翔实，主要包括审核说明、审核依据、审核结果、意见、建议。

基本建设项目竣工财务决算审核表包括以下6张表格（见附表B）：

(1) 项目竣工财务决算审核汇总表（B-1）。

(2) 资金情况审核明细表（B-2）。

(3) 待摊投资审核明细表（B-3）。

(4) 交付使用资产审核明细表（B-4）。

(5) 转出投资审核明细表（B-5）。

(6) 待销核基建支出审核明细表（B-6）。

相关资料主要包括：①项目立项、可行性研究报告、初步设计报告及概算、概算调整批复文件的复印件；②项目历年投资计划及财政资金预算下达文件的复印件；③审计、检查意见或文件的复印件；④其他与项目决算相关资料。

（四）竣工财务决算审核批复

中央项目竣工财务决算，由财政部制定统一的审核批复管理制度和操作规程。中央项目主管部门本级以及不向财政部报送年度部门决算的中央单位的项目竣工财务决算,由财政部批复;其他中央项目竣工财务决算,由中央项目主管部门负责批复,报财政部备案。国家另有规定的,从其规定。

财政部门和项目主管部门对项目竣工财务决算实行先审核后批复的办法,可以委托预算评审机构或者有专业能力的社会中介机构进行审核。

项目竣工财务决算审核批复环节中审减的概算内投资,按投资来源比例归还投资者。

财政部门和项目主管部门审核批复项目竣工财务决算时,应当重点审查以下内容:①工程价款结算是否准确,是否按照合同约定和国家有关规定进行,有无多算和重复计算工程量、高估冒算建筑材料价格现象;②待摊费用支出及其分摊是否合理、正确;③项目是否按照批准的概(预)算内容实施,有无超标准、超规模、超概(预)算建设现象;④项目资金是否全部到位,核算是否规范,资金使用是否合理,有无挤占、挪用现象;⑤项目形成资产是否全面反映,计价是否准确,资产接收单位是否落实;⑥项目在建设过程中历次检查和审计所提的重大问题是否已经整改落实;⑦待核销基建支出和转出投资有无依据,是否合理;⑧竣工财务决算报表所填列的数据是否完整,表间钩稽关系是否清晰、正确;⑨尾工工程及预留费用是否控制在概算确定的范围内,预留的金额和比例是否合理;⑩项目建设是否履行基本建设程序,是否符合国家有关建设管理制度要求等;⑪决算的内容和格式是否符合国家有关规定;⑫决算资料报送是否完整、决算数据间是否存在错误;⑬相关主管部门或者第三方专业机构是否出具审核意见。

财政部对授权主管部门批复的中央项目竣工财务决算实行抽查制度。

(五) 其他规定

项目主管部门应当加强对尾工工程建设资金监督管理,督促项目建设单位抓紧实施尾工工程,及时办理尾工工程建设资金清算和资产交付使用手续。

项目建设内容以设备购置、房屋及其他建筑物购置为主且附有部分建筑安装工程的,可以简化项目竣工财务决算编报内容、报表格式和批复手续；设备购置、房屋及其他建筑物购置，不用单独编报项目竣工财务决算。

项目竣工后应当及时办理资金清算和资产交付手续，并依据项目竣工财务决算批复意见办理产权登记和有关资产入账或调账。

项目建设单位经批准使用项目资金购买的车辆、办公设备等自用固定资产，项目完工时按下列情况进行财务处理：①资产直接交付使用单位的，按设备投资支出转入交付使用。其中，计提折旧的自用固定资产，按固定资产购置成本扣除累计折旧后的金额转入交付使用，项目建设期间计提的折旧费用作为待摊投资支出分摊到相关资产价值；不计提折旧的自用固定资产，按固定资产购置成本转入交付使用。②资产在交付使用单位前公开变价处置的，项目建设期间计提的折旧费用和固定资产清理净损益（即公开变价金额与扣除所提折旧后设备净值之间的差额）计入待摊投资，不计提自用固定资产折旧的项目，按公开变价金额与购置成本之间的差额作为待摊投资支出分摊到相关资产价值。

二、由水利部批复的水利基本建设项目竣工财务决算编制[①]

（一）总则

以下规定适用于水利部所属单位实施的基本建设项目竣工财务决算的编制、审查、审计、上报、审核审批和监督问责等工作。

竣工财务决算分为工程类项目竣工财务决算和非工程类项目竣工财务决算。工程类项目竣工财务决算是指以建筑施工、设备采购安装为主要实施内容，以建筑物或构筑物为主要目标产出物或在项目完成后能形成一定实物工作量的基本建设项目的竣工财务决算。非工程类项目竣工财务决算是指以水利规划、工程项目前期、专题研究、基础性工作等为主要实施内容，项目完成后一般不形成实物工作量的基本建设项目的竣工财务决算。

竣工财务决算工作实行统一管理、分级负责。竣工财务决算工作应做

---

① 参见《水利部基本建设项目竣工财务决算管理暂行办法》（水财务〔2014〕73号）、《水利基本建设项目竣工财务决算编制规程》（SL 19—2014）。

到程序规范、及时高效、数据准确、管理严格。经批复的竣工财务决算是确认投资支出、资产价值及办理资产移交和投资核销的最终依据。竣工财务决算相关资料应按国家相关要求，整理归档，永久保存。

（二）管理职责与权限

水利部统一负责竣工财务决算管理工作。主要职责包括：①研究拟订竣工财务决算管理制度；②负责组织权限范围内竣工财务决算的审查、审计和审核审批；③负责组织审核报财政部审批的竣工财务决算；④指导、监督竣工财务决算管理工作，组织对部直属单位权限内竣工财务决算审核审批工作进行抽查。

部直属单位负责本单位及所属单位竣工财务决算管理工作。主要职责包括：①负责组织本单位竣工财务决算编报；②负责组织权限范围内竣工财务决算审查、审计和审核审批；③负责组织审核报水利部审批或转报财政部审批的竣工财务决算的完整性、合规性；④指导、监督所属单位竣工财务决算管理工作；⑤配合财政部、水利部等部门开展竣工财务决算审核审批、监督检查等工作。

项目法人或项目责任单位（以下简称"项目法人"），具体承担竣工财务决算编制和上报等工作。主要职责包括：①负责竣工财务决算编制；②申请竣工财务决算审查、审计、竣工验收和审批；③落实竣工财务决算审查、审计、竣工验收和审批意见；④配合上级单位开展竣工财务决算监督检查等工作。

竣工财务决算按单位和项目投资总额实行授权审批。超出财政部授权限额的项目，竣工财务决算经水利部审核后报财政部审批；授权限额以内的项目，竣工财务决算由水利部或授权部直属单位审批，具体授权另行规定。

（三）竣工财务决算编制总要求

竣工财务决算由项目法人组织编制，项目法人主要负责人对竣工财务决算的编制工作负总责。设计、施工、监理、征地拆迁和移民安置等单位应配合项目法人做好竣工财务决算编制工作。

项目法人的财务部门负责竣工财务决算编制的具体工作，相关内设部门按职责完成竣工财务决算编制的相应工作。项目法人可委托具有相关资质和相应专业人员的社会中介机构或有能力的单位承担竣工财务决算编制工作。

一个建设项目的投资计划（预算）分别下达至两个以上单位实施的，由实施单位分别编制竣工财务决算。竣工验收主持单位要求汇总编制竣工财务总决算的，应指定汇编单位。

竣工财务决算编制前，项目法人应做好资料收集整理、账务清理、资产清查核实、债权债务清理、竣工（完工）结算等各项工作。

大中型工程类项目（经营性项目概算总投资 5000 万元以上、非经营性项目概算总投资 3000 万元以上）竣工财务决算应在满足编制条件后三个月内完成，小型工程类项目竣工财务决算和非工程类项目竣工财务决算编制应在满足编制条件后一个月内完成。若有特殊情况无法在规定期限内完成的，应说明理由和延期时间报经竣工验收主持单位同意，其中大中型工程类项目和投资额 1000 万元以上的非工程类项目延期需报水利部同意。

竣工财务决算批复之前，项目法人已经撤销的，撤销该项目法人的单位应制定有关单位承接相关的责任。

项目法人的法定代表人对竣工财务决算的真实性、完整性负责。

竣工财务决算是确认投资支出、资产价值和结余资金，办理资产移交和投资核销的最终依据。

竣工财务决算应按国家相关要求，整理归档，永久保存。

竣工财务决算编制除应符合《水利基本建设项目竣工财务决算编制规程》（SL 19—2014）规定外，尚应符合国家现行有关标准的规定。

（四）竣工财务决算编制依据和条件

竣工财务决算编制依据应包括以下内容：①国家有关法律法规等规定；②经批准的设计文件；③年度投资和资金安排文件；④合同（协议）；⑤会计核算及财务管理资料；⑥其他资料。

编制竣工财务决算一般应具备以下条件：①经批准的初步设计、项目任务书所确定内容已完成；②设计变更及概（预）算调整手续已完备；③建设资金全部到位；④历次稽查、检查、审计提出的问题已整改落实；

⑤债权债务清理完毕；⑥竣工（完工）结算已完成；⑦未完工程投资和预留费用不超过规定的比例；⑧涉及法律诉讼、工程质量、征地拆迁及移民安置等事项已处理完毕；⑨其他影响竣工财务决算编制的重大问题已解决。

（五）竣工财务决算编制内容

竣工财务决算编制内容应全面反映项目概（预）算及执行、支出及资产形成情况，包括项目从筹建到竣工验收的全部费用。

竣工财务决算应由以下四部分组成：①竣工财务决算封面及目录；②竣工工程平面示意图及主体工程照片；③竣工财务决算说明书；④竣工财务决算报表。

竣工财务决算说明书应反映以下主要内容：①项目基本情况；②财务管理情况；③年度投资计划、预算（资金）下达及资金到位情况；④概（预）算执行情况；⑤招（投）标、政府采购及合同（协议）执行情况；⑥征地补偿和移民安置情况；⑦重大设计变更及预备费动用情况；⑧未完工程投资及预留费用情况；⑨审计、稽查、财务检查等发现问题及整改落实情况；⑩其他需说明的事项；⑪报表编制说明。

工程类项目竣工财务决算报表应包括以下 8 张表格（见附表 C）：

（1）水利基本建设项目概况表（C-1）。

（2）水利基本建设项目财务决算表（C-2）。

（3）水利基本建设项目投资分析表（C-3）。

（4）水利基本建设项目未完工程投资及预留费用表（C-4）。

（5）水利基本建设项目成本表（C-5）。

（6）水利基本建设项目交付使用资产表（C-6）。

（7）水利基本建设项目待核销基建支出表（C-7）。

（8）水利基本建设项目转出投资表（C-8）。

非工程类项目竣工财务决算报表应包括以下 5 张表格（见附表 D）：

（1）水利基本建设项目基本情况表（D-1）。

（2）水利基本建设项目财务决算表（D-2）。

（3）水利基本建设项目支出表（D-3）。

（4）水利基本建设项目技术成果表（D-4）。

(5) 水利基本建设项目交付使用资产表（D-5）。

（六）竣工财务决算编制程序和要求

竣工财务决算编制应遵循以下程序：①制定竣工财务决算编制方案；②收集整理与竣工财务决算相关的项目资料；③确定竣工财务决算基准日期；④竣工财务清理；⑤编制竣工财务决算报表；⑥编写竣工财务决算说明书。

项目竣工财务决算的编制职责应具体分解落实到相关部门和人员，项目法人财务部门负责竣工财务决算的编制工作，涉及多部门的工作应在方案中细化和落实，相关部门应按职责完成竣工财务决算编制的相应工作。在编制时应明确以下事项：①组织领导和职责分工；②竣工财务决算基准日期；③编制具体内容；④计划进度和工作步骤；⑤技术难题和解决方案。

在编制竣工财务决算时应收集与整理以下主要资料：①会计凭证、账簿和会计报告；②内部财务管理制度；③初步设计、设计变更、预备费动用相关资料；④年度投资计划、预算（资金）文件；⑤招投标、政府采购及合同（协议）；⑥工程量和材料消耗统计资料；⑦征地补偿和移民安置实施及资金使用情况；⑧价款结算资料；⑨项目验收、成果及效益资料；⑩审计、稽查、财务检查结论性文件及整改资料。在收集整理工程量和材料消耗、征地补偿和移民安置实施及资金使用等涉及其他参建单位的资料，项目法人应与资料提供单位进行核实确认。

竣工财务决算基准日期应依据资金到位、投资完成、竣工财务清理等情况确定，且一般宜确定为月末。竣工财务决算基准日期确定后，与项目建设成本、资产价值相关联的会计业务应在竣工财务决算基准日之前入账。其中关联的会计业务应包括以下主要内容：①竣工财务清理的账务处理；②未完工程投资和预留费用的账务处理；③分摊待摊投资的账务处理。

在办理竣工财务清理时，主要包括以下几个方面：①合同（协议）清理；②债权债务清理；③结余资金清理；④应移交资产清理。

合同（协议）清理应包括以下主要内容：①按合同（协议）编号或类别列示合同（协议）清单。②在工程进度款结算的基础上，根据施工过程中的设计变更、现场签证、工程量核定单、索赔等资料办理竣工（完工）结算，对合同价款进行增减调整。③清理各项合同（协议）履行的主要指标：合同金额，累计已结算金额，预付款支付、扣回、余额，质量保证金扣留、支付、余额，履约担保、预付款保函（担保）。④确认合同（协议）履行结果。⑤落实尚未执行完毕的合同（协议）履行时限和措施。

债权债务清理应包括以下主要内容：①核对和结算债权债务；②清理坏账和无法偿付的应付款项。

清理结余资金应包括以下主要内容：①逐一盘点核实并填列构成结余资金的实物清单；②确定处理方式，办理处置手续。

清理应移交资产应包括以下主要内容：①按核算资料列示移交资产账面清单；②工程实地盘点，形成移交资产盘点清单；③分析比较移交资产账面清单和盘点清单；④调整差异，形成应移交资产目录清单。

在编制竣工财务决算报表时，应根据以下内容进行编制：①概（预）算等设计文件；②预算资料；③会计账簿；④辅助核算资料；⑤项目统计资料；⑥竣工财务决算编制各阶段工作成果。同时，应根据项目特点完成以下主要事项：①计列未完工程投资及预留费用；②概（预）算与核算口径对比分析；③分摊待摊投资；④确认交付使用资产；⑤分摊建设成本；⑥填列报表；⑦编制竣工财务总决算。

在编制竣工财务决算说明书时应做到反映全面、重点突出、真实可靠。

年度投资计划、预算（资金）下达及资金到位等情况应按资金性质和来源渠道分别列示。同时，概（预）算执行情况应反映以下内容：①概（预）算安排情况；②概（预）算执行结果及存在的偏差；③概（预）算执行差异的因素分析。

在编制招（投）标、政府采购及合同（协议）执行情况时应说明主要标段的招标投标过程及其合同（协议）履行过程中的重要事项。

征地补偿和移民安置情况应说明征地补偿和移民安置的组织与实施、征迁范围和补偿标准、资金使用管理等情况；重大设计变更及预备费动用情况应说明重大设计变更及预备费动用的原因、内容和报批等情况。

未完工程投资及预留费用情况应反映以下内容：①计列的原因和内容；②计算方法和计算过程；③占总投资比重。

审计、稽查、财务检查等发现问题及整改落实情况应说明项目实施过程中接受的审计、稽查、财务检查等外部检查下达的结论及对结论中相关问题的整改落实情况;报表编制说明应对填列的报表及具体指标进行分析解释,清晰反映报表的重要信息。

(七) 竣工财务决算报表

1. 一般规定

竣工财务决算报表应按工程类项目和非工程类项目分别编制。大中型、小型工程应按以下要求分别编制工程类项目竣工财务决算报表。

(1) 大中型工程应编制工程类项目竣工财务决算报表的 8 张表格（见附表 C）。

(2) 小型工程可适当简化,可不编制"水利基本建设项目投资分析表"（附表 C-3）和"水利基本建设项目成本表"（附表 C-5）。

(3) 大中型、小型工程的规模划分应按批复的设计文件执行。设计文件未明确的,非经营性项目投资额在 3000 万元以上（含 3000 万元）、经营性项目投资额在 5000 万元以上（含 5000 万元）的为大中型工程,其他为小型工程。

项目法人可增设有关反映重要事项的辅助报表。

2. 计列未完工程投资及预留费用

未完工程投资及预留费用可预计纳入竣工财务决算。大中型工程应控制在总概算的 3% 以内,小型工程应控制在总概算的 5% 以内。非工程类项目不宜计列未完工程投资和预留费用。

未完工程投资和预留费用应满足项目实施和管理的需要,以项目概（预）算、合同（协议）等为依据合理计列。已签订合同（协议）的,应按相关条款的约定进行测算;尚未签订合同（协议）的,未完工程投资和预留费用不应突破相应的概（预）算标准。

3. 概（预）算与核算口径对应分析

大型工程应按概（预）算二级项目分析概（预）算执行情况,中型工程应按概（预）算一级项目分析概（预）算执行情况。

概（预）算与核算的口径差异应在填列竣工财务决算报表前予以调整。应依据概（预）算项目划分、工程量清单、会计科目之间的关系,以概（预）算的项目划分为基础,调整招标文件的工程量清单和会计核算指标,实现概(预)算与核算的同口径对比分析。

4. 分摊待摊投资

待摊投资应由受益的各项交付使用资产共同负担。其中,能够确定由某项资产负担的待摊投资,应直接计入该资产成本;不能确定负担对象的待摊投资,应分摊计入受益的各项资产成本。

待摊投资应包括以下分摊对象:①房屋及构筑物;②需要安装的专用设备;③需要安装的通用设备;④其他分摊对象。

分摊待摊投资可采用以下方法。

(1)按实际数的比例分摊,可按以下公式计算:

$$D_F = J_S F_S$$

$$F_S = \frac{D_S}{DX_S} \times 100\%$$

式中,D_F 为某资产应分摊的待摊投资;J_S 为某资产应负担待摊投资部分的实际价值;F_S 为实际分配率;D_S 为上期结转和本期发生的待摊投资合计(扣除可直接计入的待摊投资);DX_S 为上期结转和本期发生的建筑安装工程投资、安装设备投资和其他投资中应负担待摊费用的合计。

(2)按概算数的比例分摊,可按以下公式计算:

$$D_F = J_S F_Y$$

$$F_Y = \frac{D_Y}{DX_Y} \times 100\%$$

式中,F_Y 为预定分配率;D_Y 为概算中各项待摊投资项目的合计(扣除可直接计入的待摊投资);DX_Y 为概算中建筑安装工程投资、安装设备投资和其他投资中应负担待摊投资的合计。

5. 确认交付使用资产

交付使用资产应以具有独立使用价值的固定资产、流动资产、无形资产和递延资产作为计算和交付对象,并与接收单位资产核算和管理的需要相衔接。

独立使用价值的确定依据是具有较完整的使用功能,能够按照设计要求,独立地发挥作用。

全部或部分由未完工程投资形成的资产应在竣工财务决算报表中备注,并在竣工财务决算说明书中说明。

群众投劳折资形成的资产应在竣工财务决算说明书中说明。

6. 分摊建设成本

具有防洪、发电、灌溉、供水等多种效益的工程，应将建设成本在效益之间进行分摊，为工程运行定价提供依据。

建设成本分摊宜采用枢纽指标系数分摊法。枢纽指标系数分摊法应采用以下分摊程序：

（1）按建设成本与工程效益的关系，确定专用投资、共用投资和间接投资数额。

（2）依据设计文件或实际生产能力，计算工程效益之间的库容或用水量比例。

（3）按计算的比例在工程效益之间分摊共用投资。

（4）按已归集的专用投资和共用投资比重分摊间接投资。

（5）确定各工程效益的总成本和单位成本。

7. 填列报表

填列报表前应核实数据的真实性、准确性。填列报表后应对竣工财务决算报表进行审核，应审核以下主要内容：

（1）报表及各项指标填列的完整性。

（2）报表数据与账簿记录的相符性。

（3）表内的平衡关系。

（4）报表之间的钩稽关系。

（5）关联指标的逻辑关系。

8. 编制竣工财务总决算

项目的投资计划（预算）分别下达至两个或两个以上项目法人实施的，应由项目法人分别编制竣工财务决算。

项目全部竣工后，可汇总编制该项目的竣工财务总决算。编制竣工财务总决算应遵循以下流程：

（1）明确汇编单位和人员。

（2）审核各项目法人的竣工财务决算。

（3）确定竣工财务总决算项目划分的口径和级次。

（4）统一基准日期并调整各项目法人的竣工财务决算。

（5）具体指标的分析汇总。

汇总编制竣工财务总决算时，项目法人之间的内部往来款项应予冲销。

(八) 竣工财务决算审查

竣工财务决算编制完成后,项目法人应在 15 个工作日内向竣工验收主持单位申请竣工财务决算审查。以设备购置、房屋及其他建筑物购置为主的小型工程类项目竣工财务决算审查可适当简化。

竣工验收主持单位收到申请后,应在 30 个工作日内组织完成竣工财务决算审查。竣工验收主持单位可组织专家或委托具有相关资质和相应专业人员的社会中介机构及有能力的单位进行审查。审查内容主要包括以下 9 个方面。

(1) 编制竣工财务决算的条件是否具备。
(2) 编制方法是否适当。
(3) 编制内容、程序是否符合要求。
(4) 项目概(预)算执行情况。
(5) 项目反映的投资支出是否正确、形成资产是否完整。
(6) 资产交付使用情况。
(7) 是否符合财务制度规定。
(8) 历次稽查、检查、审计提出问题的整改落实情况。
(9) 其他需审查情况。

竣工财务决算审查完成后,竣工验收主持单位应下达审查意见。

(九) 竣工财务决算上报

工程类项目竣工验收完成后 30 个工作日内,非工程类项目审查验收完成后 15 个工作日内,项目法人应将竣工财务决算上报至上级单位。各单位应按财务隶属关系在收到竣工财务决算 10 个工作日内转报上级单位。

项目法人上报竣工财务决算应包括以下五类资料。
(1) 竣工财务决算。
(2) 竣工财务决算审查意见。
(3) 竣工决算审计结论及整改落实情况。
(4) 项目竣工验收(审查验收)鉴定书或验收意见及整改落实情况。
(5) 未完工程投资及预留费用安排使用情况。

（6）债权债务清理情况。

（7）审批单位要求提供的其他资料。

对竣工财务决算基准日至上报日期间未完工程投资及预留费用安排使用情况、债权债务清理情况等发生变化的部分，项目法人应在上报时予以说明。

（十）竣工财务决算审核审批

水利部及部直属单位收到上报的竣工财务决算后，应在60个工作日内完成竣工财务决算的审核审批工作。竣工财务决算审核审批应遵照以下程序：①确定审核组；②资料完整性审核；③决算内容审核；④提交审核报告；⑤办理批复或转报文件。

水利部及部直属单位可组织专家或委托具有相关资质和相应专业人员的社会中介机构及有能力的单位组成审核组，进行竣工财务决算的审核工作。审核组成员人数应为三人以上单数。

组织专家组成审核组的，应从水利部和部直属单位有关专家库中，或从具有相关资质的社会中介机构中，选取熟悉基本建设财务和竣工财务决算管理的专业技术人员担任专家。

同一专家、社会中介机构、单位，只能参与同一项目竣工财务决算编制、审查和审核工作中的其中一项工作。

审核组应重点审核以下内容：①资料完整性是否符合要求；②内容、程序是否符合规定；③项目竣工验收（审查验收）指出问题的整改落实情况；④未完工程投资及预留费用安排使用情况。

审核组认为必要时，可提出现场审核建议。

存在以下情况之一的，审核组应提出退回修改或补充的建议：①缺少项目竣工验收（审查验收）鉴定书或验收意见的；②缺少竣工财务决算审查意见的；③缺少竣工决算审计结论及整改报告的；④项目竣工验收（审查验收）指出问题未整改落实的；⑤未完工程投资及预留费用未按确定用途使用的。

审核工作完成后，审核组应向审核组织单位提交竣工财务决算审核报告，并对审核结果负责。审核报告一般包括以下内容：①审核组织情况，包括审核时间、工作组织和依据等；②项目及竣工财务决算的基本情况，包括项目概况、项目完成情况、竣工财务决算编报情况、审查审计整改落实情况、竣工财务决算基准日等；③审核工作情况，包括主要审核内容、发现问题和处理建议等；④审核结论，包括"通过审核""退回修改或补充"，审核结论为"通过审核"的，审核组应提出批复或转报建议，审核结论为"退回修改或补充"的，审核组应说明退回修改或补充的理由；⑤其他意见或建议。

审核组织单位应对审核组提交的竣工财务决算审核报告进行复核。经复核的审核报告是办理竣工财务决算批复的主要依据。审核结论为"通过审核"的，水利部或部直属单位按审批权限办理竣工财务决算的批复或转报；审核结论为"退回修改或补充"的，水利部或部直属单位按程序退回并限期重新上报。

财政部授权限额以下、概算总投资3000万元以上的项目竣工财务决算，由水利部报财政部备案。部直属单位按权限审批的竣工财务决算，报水利部备案。

（十一）监督问责

水利部和部直属单位应加强竣工财务决算管理工作的监督检查。水利部可采取组织专家或委托具有相关资质和相应专业人员的社会中介机构等方式，对部直属单位竣工财务决算审核审批工作开展年度抽查。

竣工财务决算监督检查应包括以下事项：
(1) 竣工财务决算管理工作的组织实施情况。
(2) 竣工财务决算编制内容的真实性、完整性和及时性。
(3) 竣工财务决算审查情况。
(4) 竣工决算审计及整改落实情况。
(5) 项目竣工验收（审查验收）指出问题的整改落实情况。
(6) 竣工财务决算审核审批及备案情况。
(7) 竣工财务决算批复的落实情况。

水利部于每年第四季度对部直属单位审核审批工作开展抽查。具体抽查的单位和项目根据部直属单位上年和当年前三季度批复报备的竣工财务决算数量、质量及审核审批组织实施情况等确定。

年度抽查的单位数量不低于报备竣工财务决算的直属单位个数的三分

之一，项目数量不低于报备竣工财务决算的项目个数的十分之一。

抽查完成后，水利部应及时下达抽查意见。被抽查单位应于收到抽查意见后 15 个工作日内将整改报告正式报水利部。

存在未按规定编制和上报竣工财务决算，未严格履行审核审批程序，弄虚作假，造成国有资产损失等违规违纪行为的，对相关单位和人员给予组织处理或纪律处分；涉嫌犯罪的，移送司法机关处理。同时，将上述情况纳入水利部预算执行考核体系予以扣分。

第二章 水利建设项目的会计核算与竣工财务决算编制

附表 A：财务部批复的基本建设项目竣工财务决算报表

表 A-0 封面

基本建设项目竣工财务决算报表

建设项目名称：

建设性质：

项目单位财务负责人：

项目单位联系人及电话：

决算基准日：

项目名称：

主管部门：

项目单位负责人：

编报日期：

表 A-1 项目概况表

建设项目（单项工程）名称					
主要设计单位		建设地址			
		主要施工企业			
占地面积（m²）	设计		实际		
新增生产能力	能力（效益）名称	设计		实际	
建设起止时间	设计	自 年 月 日至 年 月 日			
	实际	自 年 月 日至 年 月 日			
概算批准部门及文号					
基建支出	项目		概算批准金额	实际完成金额	备注
	建筑安装工程				
	设备、工具、器具投资				
	待摊投资				
	其中：项目建设管理费				
	其他投资				
	待核销基建支出				
	转出投资				
	合计				
建设规模	设计		实际		
完成主要工程量	设备（台、套、吨）	设计		实际	

（续上表）

单项工程项目、内容	批准概算	预计未完部分投资额	已完成投资额	预计完成时间
尾工工程				
小　计				

表 A-2 项目竣工财务决算表

项目名称: 单位:

资金来源	金额	资金占用	金额
一、基建拨款		一、基本建设支出	
1. 中央财政资金		(一) 交付使用资产	
其中: 一般公共预算资金		1. 固定资产	
中央基建投资		2. 流动资产	
财政专项资金		3. 无形资产	
政府性基金		(二) 在建工程	
国有资本经营预算安排的基建项目资金		1. 建筑安装工程投资	
2. 地方财政资金		2. 设备投资	
其中: 一般公共预算资金		3. 待摊投资	
地方基建投资		4. 其他投资	
财政专项资金		(三) 待核销基建支出	
政府性基金		(四) 转出投资	
国有资本经营预算安排的基建项目资金(非负债性资金)		二、货币资金合计	
二、部门自筹资金		其中: 银行存款	
三、项目资本		财政应返还额度	
1. 国家资本		其中: 直接支付	

第二章 水利建设项目的会计核算与竣工财务决算编制

（续上表）

资金来源	金额	资金占用	金额
2. 法人资本		授权支付	
3. 个人资本		现金	
4. 外商资本		有价证券	
四、项目资本公积		三、预付及应收款合计	
五、基建借款		1. 预付备料款	
其中：企业债券资金		2. 预付工程款	
六、待冲基建支出		3. 预付设备款	
七、应付款合计		4. 应收票据	
1. 应付工程款		5. 其他应收款	
2. 应付设备款		四、固定资产合计	
3. 应付票据		固定资产原价	
4. 应付工资及福利费		减：累计折旧	
5. 其他应付款		固定资产净值	
八、未交款合计		固定资产清理	
1. 未交税金		待处理固定资产损失	
2. 未交结余财政资金			

（续上表）

资金来源	金额	资金占用	金额
3. 未交基建收入			
4. 其他未交款			
合计		合计	

补充资料：基建借款期末余额：
基建结余资金：

备注：资金来源合计扣除财政资金拨款与国家资本、资本公积重叠部分。

表 A-3 资金情况明细表

项目名称： 单位：

资金来源类别	合计		备注
	预算下达或概算批准金额	实际到位金额	需备注预算下达文号
一、财政资金拨款			
1. 中央财政资金			
其中：一般公共预算资金			
中央基建投资			
财政专项资金			
政府性基金			
国有资本经营预算安排的基建项目资金			
政府统借统还非负债性资金			
2. 地方财政资金			
其中：一般公共预算资金			
地方基建投资			
财政专项资金			
政府性基金			
国有资本经营预算安排的基建项目资金			
行政事业性收费			
政府统借统还非负债性资金			
二、项目资本金			
其中：国家资本			

（续上表）

资金来源类别	合计		备注
	预算下达或概算批准金额	实际到位金额	需备注预算下达文号
三、银行贷款			
四、企业债券资金			
五、自筹资金			
六、其他资金			
合计			

补充资料：项目缺口资金：

　　　　　缺口资金落实情况：

表 A-4 交付使用资产总表

项目名称：　　　　　　　　　　　　　　　　　　　　　　　　　　　　　　　　　　　　　　　单位：

序号	单项工程名称	总计	固定资产				流动资产	无形资产
			合计	建筑物及构筑物	设备	其他		

交付单位：　　　　　　　　　　　　　　　接收单位：

盖章：　　　　　　　　　　　　　　　　　盖章：

负责人：　　　　　　　　　　　　　　　　负责人：

　　年　月　日　　　　　　　　　　　　　　年　月　日

表 A–5 交付使用资产明细表

项目名称：　　　　　　　　　　　　　　　　　　　　　　　　　　　　　　　　　单位：

序号	单项工程名称	固定资产										流动资产		无形资产	
		建筑工程			设备 工具 器具 家具							名称	金额	名称	金额
		结构	面积	金额	其中：分摊待摊投资	名称	规格型号	数量	金额	其中：设备安装费	其中：分摊待摊投资				

交付单位：　　　　　　　　　　　　　接收单位：

盖章：　　　　　　　　　　　　　　　盖章：

负责人：　　　　　　　　　　　　　　负责人：

　　　　年　月　日　　　　　　　　　　　年　月　日

表 A–6　待摊投资明细表

项目名称：　　　　　　　　　　　　　　　　　　　　　　　　　　单位：

项目	金额	项目	金额
1. 勘察费		25. 社会中介机构审计（查）费	
2. 设计费		26. 工程检测费	
3. 研究试验费		27. 设备检验费	
4. 环境影响评价费		28. 负荷联合试车费	
5. 监理费		29. 固定资产损失	
6. 土地征用及迁移补偿费		30. 器材处理亏损	
7. 土地复垦及补偿费		31. 设备盘亏及毁损	
8. 土地使用税		32. 报废工程损失	
9. 耕地占用税		33. （贷款）项目评估费	
10. 车船税		34. 国外借款手续费及承诺费	
11. 印花税		35. 汇兑损益	
12. 临时设施费		36. 坏账损失	
13. 文物保护费		37. 借款利息	
14. 森林植被恢复费		38. 减：存款利息收入	
15. 安全生产费		39. 减：财政贴息资金	
16. 安全鉴定费		40. 企业债券发行费用	
17. 网络租赁费		41. 经济合同仲裁费	
18. 系统运行维护监理费		42. 诉讼费	
19. 项目建设管理费		43. 律师代理费	
20. 代建管理费		44. 航道维护费	
21. 工程保险费		45. 航标设施费	
22. 招投标费		46. 航测费	
23. 合同公证费		47. 其他待摊投资性质支出	
24. 可行性研究费		合计	

表 A-7 待核销基建支出明细表

项目名称：　　　　　　　　　　　　　　　　　　　　　　　　　　　　　　　　　　　　　　单位：

不能形成资产部分的财政投资支出				用于家庭或个人的财政补助支出			
支出类别	单位	数量	金额	支出类别	单位	数量	金额
1. 江河清障				1. 补助群众造林			
2. 航道清淤				2. 户用沼气工程			
3. 飞播造林				3. 户用饮水工程			
4. 退耕还林（草）				4. 农村危房改造工程			
5. 封山（沙）育林（草）				5. 垦区及林区棚户区改造			
6. 水土保持				…			
7. 城市绿化							
8. 毁损道路修复							
9. 护坡及清理							
10. 取消项目可行性研究费							
11. 项目报废							
…				合计			

表 A-8 转出投资明细表

项目名称：   单位：

序号	单项工程名称	建筑工程			设备 工具 器具 家具						流动资产		无形资产	
		结构	面积	金额	其中：分摊待摊投资	名称	规格型号	单位	数量	金额	设备安装费	其中：分摊待摊投资	名称	金额	名称	金额
1														
2														
3														
4														
5														
6														
7														
8														
合计														

交付单位：   接收单位：

盖章：   盖章：

负责人：   负责人：

  年 月 日   年 月 日

附表 B： 财政部批复的基本建设项目竣工财务决算审核表

表 B-0 封面

评审机构名称：

评审小组负责人及联系电话：

评审项目名称：

基本建设项目竣工财务决算审核表

委托评审单位及委托文号：

委托评审时间及时限：

实际评审起止时间：

评审报告报送时间：

第二章 水利建设项目的会计核算与竣工财务决算编制

表 B-1 项目竣工财务决算审核汇总表

项目名称：

序号	工程项目及费用名称	批准概算		送审投资		审定投资		审定投资较概算增减额	备注
		数量	金额	数量	金额	数量	金额		
	按批准概算明细口径或单位工程、分部工程填列（以下为示例）								
	总　计								
一	建筑安装工程投资								
	…								
二	设备、工器具								
	…								
三	工程建设其他费用								
	…								
…	…								

项目单位：　　　　　　　　　　评审机构：
（盖单位公章）　　　　　　　　（盖单位公章）

负责人签字：　　　　　　　　　评审负责人签字：

年　月　日　　　　　　　　　　年　月　日

表 B-2　资金情况审核明细表

项目名称：　　　　　　　　　　　　　　　　　　　　　　　　　　单位：

资金来源类别	合计		备注
	预算下达或概算批准金额	实际到位金额	需备注预算下达文号
一、财政资金拨款			
1. 中央财政资金			
其中：一般公共预算资金			
中央基建投资			
财政专项资金			
政府性基金			
国有资本经营预算安排的基建项目资金			
政府统借统还非负债性资金			
2. 地方财政资金			
其中：一般公共预算资金			
地方基建投资			
财政专项资金			
政府性基金			
国有资本经营预算安排的基建项目资金			
行政事业性收费			
政府统借统还非负债性资金			
二、项目资本金			
其中：国家资本			
三、银行贷款			
四、企业债券资金			

（续上表）

资金来源类别	合　计		备注
	预算下达或概算批准金额	实际到位金额	需备注预算下达文号
五、自筹资金			
六、其他资金			
合计			

项目单位：　　　　　　　　　　　　　　评审机构：

　　　负责人签字：　　　　　　　　　　　　评审负责人签字：

　　　　　年　　月　　日　　　　　　　　　　　年　　月　　日

表 B-3 待摊投资审核明细表

项目名称：　　　　　　　　　　　　　　　　　　　　　　　　　　单位：

项目	审定金额	项目	审定金额
1. 勘察费		25. 社会中介机构审计（查）费	
2. 设计费		26. 工程检测费	
3. 研究试验费		27. 设备检验费	
4. 环境影响评价费		28. 负荷联合试车费	
5. 监理费		29. 固定资产损失	
6. 土地征用及迁移补偿费		30. 器材处理亏损	
7. 土地复垦及补偿费		31. 设备盘亏及毁损	
8. 土地使用税		32. 报废工程损失	
9. 耕地占用税		33. （贷款）项目评估费	
10. 车船税		34. 国外借款手续费及承诺费	
11. 印花税		35. 汇兑损益	
12. 临时设施费		36. 坏账损失	
13. 文物保护费		37. 借款利息	
14. 森林植被恢复费		38. 减：存款利息收入	
15. 安全生产费		39. 减：财政贴息资金	
16. 安全鉴定费		40. 企业债券发行费用	
17. 网络租赁费		41. 经济合同仲裁费	
18. 系统运行维护监理费		42. 诉讼费	
19. 项目建设管理费		43. 律师代理费	
20. 代建管理费		44. 航道维护费	
21. 工程保险费		45. 航标设施费	
22. 招投标费		46. 航测费	
23. 合同公证费		47. 其他待摊投资性质支出	
24. 可行性研究费		合　计	

项目单位：　　　　　　　　　　　　　　　　评审机构：

　　负责人签字：　　　　　　　　　　　　　　评审负责人签字：

　　　　年　　月　　日　　　　　　　　　　　　年　　月　　日

表 B-4 交付使用资产审核明细表

项目名称：

序号	单项工程名称	固定资产												流动资产		无形资产	
		建筑物及构筑物				设备 工具 器具 家具								名称	金额	名称	金额
		结构	面积	未分摊前金额	分摊待摊投资	金额合计	名称	规格型号	单位	数量	未分摊前金额	设备安装费	分摊待摊投资	金额合计				
1																		
2																		
3																		
4																		
5																		
6																		
7																		
8																		
9																		
10																		
合计																		

项目单位：　　　　　　负责人签字：　　　　　　评审机构：　　　　　　评审负责人签字：

年　月　日　　　　　　　　　　　　　　　　　　年　月　日

表 B–5　转出投资审核明细表

项目名称：

序号	单项工程名称	固定资产									流动资产		无形资产	
		建筑物及构筑物				设备				名称	金额	名称	金额
		结构	面积	未分摊前金额	分摊待摊投资	金额合计	名称	规格型号	单位	数量	金额合计				
1															
2															
3															
4															
5															
6															
7															
8															
9															
10															
	合计														

项目单位：　　　　　　负责人签字：　　　　　　评审机构：　　　　　　评审负责人签字：

年　月　日　　　　　　　　　　　　　　　　　　　　　　年　月　日

表 B–6 待核销基建支出审核明细表

项目名称：　　　　　　　　　　　　　　　　　　　　　　　　　　　　　　　　　　　　　单位：

不能形成资产部分的财政投资支出				用于家庭或个人的财政补助支出			
支出类别	单位	数量	金额	支出类别	单位	数量	金额
1. 江河清障				1. 补助群众造林			
2. 航道清淤				2. 户用沼气工程			
3. 飞播造林				3. 户用饮水工程			
4. 退耕还林（草）				4. 农村危房改造工程			
5. 封山（沙）育林（草）				5. 垦区及林区棚户区改造			
6. 水土保持				…			
7. 城市绿化							
8. 毁损道路修复							
9. 护坡及清理							
10. 取消项目可行性研究费							
11. 项目报废							
…				合　计			

项目单位：　　　　　　　　　负责人签字：　　　　　　评审机构：　　　　　　评审负责人签字：

　　　　　　　　　　　　　　年　月　日　　　　　　　　　　　　　　　　　　年　月　日

附表 C： 水利部工程类项目竣工财务决算报表

表 C-0 封面

水利基本建设项目竣工财务决算

项目名称：_____

编制单位：_____

主管部门：_____

决算基准日：_____

编制日期：_____

单位负责人：　　　　　财务负责人：　　　　　主编人：

第二章 水利建设项目的会计核算与竣工财务决算编制

表 C-1 水利基本建设项目概况表

工竣财 1 表

项目名称			建设地址及所在河流		
建设性质		主要设计单位	主要施工企业		
主管部门		主要监理单位	质量监督单位		
概算批准文件					
项目主要特征					
项目投资（元）		投资来源			实际投资
		项目	概算数	实际数	
		1.			1. 建筑安装工程投资
		2.			2. 设备投资
		3.			3. 待摊投资
		合计			4. 其他投资
建设成本（元）		项目	总成本		5. 待核销基建支出
		1.			6. 转出投资
		2.			单位成本
		3.			
		合计			

（续上表）

工程主要建设情况	开工日期		
	竣工日期		
	实际完成工程量	1. 土方（万 m³）	
		2. 石方（万 m³）	
		3. 混凝土（m³）	
		4. 金属结构制作安装（t）	
		5.	
	主要材料消耗量	1. 钢材（t）	
		2. 木材（m³）	
		3. 水泥（t）	
		4. 油料（t）	
		5.	
	征地补偿及移民安置	1. 总补偿费（元）	
		2. 永久征地（亩）	
		其中：耕地（亩）	
		林地（亩）	
		3. 临时占地（亩）	
		4. 迁移人口（人）	
		5. 土地补偿标准（元/亩）	
		6. 安置补助标准（元/人）	
项目效益			
财务管理评价：			

表 C-2 水利基本建设项目财务决算表

工竣财 2 表 单位：元

资金来源	金额	资金占用	金额
一、基建拨款		一、基本建设支出	
		1. 交付使用资产	
		2. 在建工程	
		3. 待摊销基建支出	
二、项目资本		4. 转出投资	
		二、应收生产单位投资借款	
项目资本公积		三、拨付所属投资借款	
		四、器材	
三、项目资本公积		其中：待处理器材损失	
四、基建投资借款		五、货币资金	
五、上级拨入投资借款		六、财政应返还额度	
六、企业债券资金		七、预付及应收款	
七、待冲基建支出		八、有价证券	
八、其他借款		九、固定资产	
九、应付款		固定资产原价	

(续上表)

资金来源	金额	资金占用	金额
十、未交款		减：累计折旧	
十一、上级拨入资金		固定资产净值	
		固定资产清理	
十二、留成收入		待处理固定资产损失	
合计		合计	

基本投资借款期末余额：

应收生产单位投资借款期末数：

基建结余资金：

表 C–3 水利基本建设项目投资分析表

工竣财 3 表　　单位：元

项目	概（预）算价值				实际价值				实际较概算增减	
	建筑工程	安装工程	设备价值	其他费用	合计	建筑工程	安装工程	设备价值	其他费用	合计	增减额	增减率（%）
投资合计												
减：待核销基建支出												
减：转出投资												
建设成本												

表 C-4 水利基本建设项目未完工程投资及预留费用表

工竣财 4 表 单位：元

项目	计量单位	工程量			价值					
		设计	已完	未完	概算	已完	未完			合计
							建筑	安装	设备	其他	
一、未完工程投资										
二、预留费用										
合计										

174

表 C-5 水利基本建设项目成本表

单位：元

项目	直接建设成本					待摊投资			建设成本
	建筑安装工程投资		设备投资	其他投资	小计	直接计入	间接计入	小计	
	建筑工程投资	安装工程投资							
合计									

表 C-6 水利基本建设项目交付使用资产表

工竣财 6 表　　单位：元

资产项目名称	结构、规格、型号、特征	坐落位置	计量单位	单位价值	数量	资产金额	备注
一、固定资产							
（一）房屋及构筑物							
（二）专用设备							
（三）通用设备							
（四）家具、用具、装具							
（五）其他							
二、流动资产							
三、无形资产							
四、递延资产							
合计							

第二章　水利建设项目的会计核算与竣工财务决算编制

表 C-7　水利基本建设项目待核销基建支出表

工竣财 7 表　　　单位：元

费用项目	金额	核销原因与依据
合计		

表 C-8　水利基本建设项目转出投资表

工竣财 8 表　　　　　单位：元

项目	项目地点与特征	产权单位	计量单位	数量	金额	转出原因与依据
合计						

附表 D： 水利部非工程类项目竣工财务决算报表

表 D-0 封面

水利基本建设项目竣工财务决算

项目名称：_____

编制单位：_____

主管部门：_____

决算基准日：_____

编制日期：_____

单位负责人：   财务负责人：   主编人：

表 D–1 水利基本建设项目基本情况表

非竣财 1 表

项目名称			
项目责任单位		项目主管单位	
项目任务书批准机关、文号		项目主要承担单位	
项目总投资	预算(计划)(万元)	计划完成时间	
	实际完成投资(万元)	实际完成时间	
项目工作目标:			
项目工作内容:			
项目实施情况:			
审查验收结论:			

第二章 水利建设项目的会计核算与竣工财务决算编制

表 D-2 水利基本建设项目财务决算表

非竣财 2 表　　单位：元

资金来源	金额	资金占用	金额
一、基建拨款		一、基本建设支出	
		1. 交付使用资产	
		2. 在建工程	
		3. 待核销基建支出	
二、其他借款		4. 转出投资	
		二、器材	
三、应付款		其中：待处理器材损失	
		三、货币资金	
四、未交款		四、财政应返还额度	
		五、预付及应收款	
		六、固定资产	
		固定资产原价	
		减：累计折旧	
		固定资产净值	
		固定资产清理	
五、上级拨入资金		待处理固定资产损失	
六、留成收入			
合计		合计	

基建结余资金：

表 D-3　水利基本建设项目支出表

非竣财 3 表　单位：元

费用构成	年度									合计	备注
合　计											

表 D-4　水利基本建设项目技术成果表

非竣财 4 表

成果名称	成果主要内容	备注

表 D-5　水利基本建设项目交付使用资产表

接收单位：　　　　　　　　　　　　　　　　　　　　　　　　　　　非竣财 5 表　单位：元

资产项目名称	结构、规格、型号、特征	计量单位	单位价值	数量	资产金额	备注
合计						

附录3： 水利部项目竣工财务决算审核报告及表格

附件1　关于____项目竣工财务决算的审核报告（参考格式）

_____（委托单位）：

我们接受你单位（委托单位）委托，于_____年____月_____日至_____月_____日组成审核组，依据国家有关规定及《水利部基本建设项目竣工财务决算管理暂行办法》，对_____单位报送的_____项目竣工财务决算进行了审核。现将审核情况报告如下：

一、项目及竣工财务决算的基本情况

1. 项目概况

（1）项目概算（初步设计、任务书）批复情况，包括项目批准文件、主要建设内容和投资额等。

（2）项目组织实施情况，包括项目主管部门、项目法人及组织形式，项目开工、竣工（审查）验收情况。

（3）项目投资来源及资金到位情况，包括投资来源、投资计划和资金预算下达等情况。

（4）项目完成情况，包括主要建设内容的完成情况、形成资产及交付使用情况。

2. 竣工财务决算概况

（1）竣工财务决算基准日。

（2）竣工财务决算的总体情况，包括基建投资完成情况、未完工程和预留费用情况、结余资金情况等。

（3）审查、审计及整改落实情况。

二、竣工财务决算审核工作情况

1. 审核内容

（1）资料完整性审核情况。

（2）内容、程序是否符合规定审核情况。

（3）项目竣工验收（审查验收）指出问题的整改落实情况。

（4）未完工程投资及预留费用安排使用情况。

（5）其他需要说明事项。

2. 发现问题和处理建议

_____
_____
_____
_____
_____
_____
_____
_____
_____
_____
_____
_____

三、审核结论

（情况一）通过审核，建议批复或转报。

该项目竣工财务决算报送资料齐全，竣工财务决算内容完整、数据准确，表间关系清晰正确，符合《水利部基本建设项目竣工财务决算管理暂行办法》等相关要求，建议予以批复（转报）。

该项目申报基建支出_____元，批复（转报）_____元；申报交付使用资产_____元，批复（转报）_____元；申报未完工程投资及预留费用_____元，批复（转报）_____元；申报结余资金_____元，批复（转报）_____元；申报应上交财政资金_____元，批复（转报）_____元。

（情况二）未通过审核，建议退回修改或补充。

该项目竣工财务决算在_____等方面存在突出问题，不符合《水利部基本建设项目竣工财务决算管理暂行办法》等相关要求，建议退回修改或补充。

具体问题及理由如下：

1. _____
2. _____

四、其他意见和建议

（1）往来款项建议（可选）。

（2）结余资金处理意见（可选）。

（3）未完工程投资及预留费用处理建议（可选）。

（4）资产管理建议（可选）。

（5）审核组认为其他必要的意见及建议。

受托单位（签章）：

审核组组长：

成员：

年　月　日

附件2 水利基本建设项目竣工财务决算审核表

水利基本建设项目竣工财务决算审核表

项目名称		项目法人 (项目责任单位)	
竣工验收主持单位		项目概算及批准文件	
项目类型	工程类项目（ ） 非工程类项目（ ）	竣工财务决算基准日	
项目实际完成投资		竣工验收日期	
一、完整性合规性审核		完整	合规	说明
1. 竣工财务决算				
2. 竣工财务决算审查意见				
3. 竣工决算审计结论及整改落实情况				
4. 项目竣工验收（审查验收）鉴定书或验收意见				
5. 债权债务清理情况				
6. 审批单位要求提供的其他资料				
二、项目竣工验收指出问题的整改落实情况：				
三、未完工程投资及预留费用安排使用情况：				

(续上表)

审核意见		理由及依据（可另附）	
1. 审核通过			
2. 补充完善或能合理解释并满足要求，审核通过			
3. 退回修改或补充			
审核人		复核人	
审核时间		复核时间	

注：1. 此表为审核组审核工作表。
    2. 如资料完整、合规，则在相应的栏中打钩（√），否则打叉（×）。
    3. 审核具体事项时，有关情况及问题可在"说明"中反映。
    4. 审核组认为必要时，可要求报送单位对有关情况进行补充或说明。

附件3 水利基本建设项目竣工财务决算批复（转报）表

水利基本建设项目竣工财务决算批复（转报）表

项目单位：　　　　　　项目名称：　　　　　　单位：元

项目	项目单位上报数	批复（转报）数	备注
一、基建拨款			
二、基建支出			
1. 建筑安装工程投资			
2. 设备投资			
3. 待摊投资			
4. 其他投资			
5. 待核销基建支出			
6. 转出投资			
三、交付使用资产			
1. 固定资产			
2. 流动资产			
3. 无形资产			
4. 递延资产			
四、未完工程投资及预留费用			
1. 未完工程投资			
2. 预留费用			
五、基建结余资金			
其中：应上交财政资金			
六、货币资金			
七、应收款项			
八、应付款项			

注：1. 此表为审核组审核工作表。

　　2. 此表中数字保留两位小数。

附件4 项目基本情况表

项目基本情况表

建设项目名称			项目建设地点	
项目建设单位			决算编报日期	
建设性质			开、竣工时间	
主管部门			决算申报文号	
批复总投资（万元）			实际总投资（万元）	
预算下达文件				
项目批复单位/文号				
项目审计审核情况				
主要建设内容				
项目资金来源	批复（万元）	到位（万元）	形成交付使用资产（万元）	备注
合计				
其中：中央财政性资金				
自筹资金				
银行贷款				
其他				

注：此表为批复表。

附件5 项目竣工财务决算审批表

项目竣工财务决算审批表

单位：万元

项目名称	上报数	批复数	备注
一、竣工财务决算			
1. 建筑安装工程			
2. 设备、工具、器具			
3. 待摊投资			
4. 其他投资			
5. 待核销基建支出			
6. 非经营性项目转出投资			
二、交付使用资产			
1. 固定资产			
2. 流动资产			
3. 无形资产			
4. 递延资产			

注：此表为批复表。

附录 4： 水利部工程类项目竣工财务决算报表编制说明

1. 水利基本建设项目概况表

（1）不同类型的项目，其对应的各项技术经济指标不尽相同，项目法人应根据项目的不同特征，选择适宜的技术指标，以准确反映竣工项目概况。

（2）"项目名称"应按批复的设计文件中的全称填写。

（3）"建设地址及所在河流"应按批复的设计文件具体填写。建设地址应包括所在的省（自治区、直辖市）、市（地、州、盟）、县（市、区、旗）和建设项目的所在地名，所在河流应包括干流或支流名称。

（4）"建设性质"应按批复的设计文件所确定的性质，即项目建设属于新建、续建、改建、加固、修复等填写。

（5）"概算批准文件"应按审批机关的全称、批复的文件名称和文号、批复日期填写。若概（预）算有调整的，应按最后一次审批机关的全称、批复的文件名称和文号、批复日期填写，并在竣工财务决算说明书中具体说明原概算的修正情况及有关内容。

（6）"项目主要特征"应根据批复的设计文件（含设计变更）填列反映项目特征的主要指标。

（7）"项目效益"应根据批复的设计文件及项目实际能力填列反映项目效益的主要指标。

（8）"财务管理评价"应根据实际管理情况填写。

（9）"项目投资"应反映项目的投资来源和实际投资。"投资来源"按资金性质和来源渠道明细填写，概算数和实际数分别按最终批复的概算数额和资金实际到位数额填列。"实际投资"按项目累计发生的基本建设投资支出总额填列，实际投资的明细项目按历年会计核算的有关资料汇总填列。

（10）"建设成本"，效益单一的建设项目应不填列本指标。具备两个或两个以上效益的项目，应将总成本在各效益项目之间进行分摊，如防洪、发电、灌溉、供水等，并确定相应的单位成本。

（11）"开工日期"应按批准的开工日期填写。

（12）"竣工日期"应按竣工验收日期填写。

（13）"实际完成工程量"应按实际完成工程量（含未完工程部分）的统计结果填写。

（14）"主要材料消耗量"应按实际消耗量（不含库存量）的统计结果填写。

（15）"征地补偿及移民安置"应按具体实施情况填写。

2. 水利基本建设项目财务决算表

（1）"基建拨款"、"项目资本"、"项目资本公积"、"基建投资借款"、"上级拨入投资借款"、"企业债券资金"、"待冲基建支出"、"基本建设支出"（不含在建工程）、"应收生产单位投资借款"、"拨付所属投资借款"应反映项目自开工建设至竣工止的累计数。表中其余各项目应反映办理竣工财务决算时的结余数。

（2）资金占用总额应等于资金来源总额。

（3）"基建投资借款期末余额"应反映竣工时尚未偿还的基建投资借款数，"应收生产单位投资借款期末数"应反映竣工时应向生产单位收回的用基建投资借款完成并交付使用的资产价值，"基建结余资金"应反映竣工时的结余资金。按下列公式计算：

基建结余资金 = 基建拨款 + 项目资本 + 项目资本公积
　　　　　　 + 基建投资借款 + 企业债券资金
　　　　　　 + 待冲基建支出 − 基本建设支出
　　　　　　 − 应收生产单位投资借款

3. 水利基本建设项目投资分析表

（1）"项目"应按批准的概（预）算项目填列。大型项目应按概算二级项目填报，中型项目应按概算一级项目填报。概（预）算中安排的预备费及经批准动用的预备费应在"项目"栏单独列示，并反映预备费的具体使用项目。概（预）算未列但实际发生了的投资也应在"项目"栏增列。

（2）"概（预）算价值"及其分栏内容，应按项目概（预）算的内容填列；"实际价值"及其分栏内容，应按财务实际发生的数额填列。

（3）经批准纳入决算的未完工程及费用应与该概算一级项目、概算二级项目的已完成投资合并反映。

(4)"投资合计"应为工程总投资额。

(5)"实际较概算增减"的"增减额""增减率",增加时应用正数反映,减少时应用负数反映。

4. 水利基本建设项目未完工程投资及预留费用表

(1)"未完工程投资"和"预留费用"应在本表中分别反映。

(2)"项目"应按批准的概(预)算项目填列。大型项目应按概算二级项目填报,中型项目应按概算一级项目填报。

(3)"未完工程投资"的"工程量"应填列完整,"预留费用"的"工程量"应不填列。

(4)"价值"栏内的"概算""已完""未完"等应填列完整。

5. 水利基本建设项目成本表

(1)"项目"应按资产类别汇总分析填列。

(2)"建筑工程投资""安装工程投资""设备投资""其他投资"应根据各项的借方发生额分析填列。

(3)"待摊投资"应反映待摊投资计入资产价值的过程,分为直接计入和间接计入。

(4)"建设成本"应按"建筑安装工程投资""设备投资""其他投资""待摊投资"相加的数额填列。

6. 水利基本建设项目交付使用资产表

(1)应按"接收单位"分别填列。

(2)应根据"资产项目名称"的分类,结合项目具体情况,确定本项目移交资产的目录清单,并按目录清单填列。

(3)全部或部分由未完工程投资形成的资产应在"备注"栏说明该资产未完价值。

(4)项目资产移交多个接收单位的,应另行编制交付使用资产表汇总表,反映项目的接收单位及其各单位接收的资产价值总额。

7. 水利基本建设项目待核销基建支出表

(1)"费用项目"应按核销的支出明细项目设置和填列。

(2)"核销原因与依据"应说明相关的文件或政策依据。

8. 水利基本建设项目转出投资表

(1)"项目"应按项目配套的专用设施的内容逐项填列。

(2)"项目地点与特征"应填列专用设施的坐落位置及其结构、规格等特征。

(3)"产权单位"应填列专用设施的产权归属单位。

(4)"转出原因与依据"应说明相关的文件或政策依据。

9. 报表之间相关数据的主要钩稽关系

(1)工竣财1表"投资来源"的"概算数"栏"合计"数应等于工竣财3表"投资合计"行的"概(预)算价值"的"合计"数。

(2)工竣财1表"实际投资"应和工竣财2表"资金占用"中的"基本建设支出"、工竣财3表"投资合计"行的"实际价值"的"合计"数保持一致。

(3)工竣财1表"建设成本"中"总成本"栏的"合计"数应和工竣财3表"建设成本"行的"实际价值"的"合计"数、工竣财5表"建设成本"栏的"合计"数、工竣财6表各接收单位"资产金额"栏的"合计"的汇总数保持一致。

(4)工竣财5表"建筑安装工程投资""设备投资""其他投资""待摊投资"栏的"合计"数应分别等于工竣财1表"实际投资"栏的"建筑安装工程投资""设备投资""其他投资""待摊投资"。

(5)工竣财1表"实际投资"栏的"待核销基建支出"应和工竣财2表"基本建设支出"行的"待核销基建支出"、工竣财3表"待核销基建支出"行的"实际价值"的"合计"数、工竣财7表"金额"栏的"合计"数保持一致。

(6)工竣财1表"实际投资"栏的"转出投资"应和工竣财2表"基本建设支出"行的"转出投资"、工竣财3表"转出投资"行的"实际价值"的"合计"数、工竣财8表"金额"栏的"合计"数保持一致。

附录5： 水利部非工程类项目竣工财务决算报表编制说明

1. **水利基本建设项目基本情况表**

（1）"项目名称"应按批准的项目任务书中的全称填写。

（2）"项目工作目标"应按项目任务书确定的目标填写。

（3）"项目工作内容"应按实际完成的工作内容填写。

（4）"项目实施情况"应反映项目的实际实施过程、实施效果。

（5）"审查验收结论"应在项目审查验收后，根据审查验收鉴定书或验收报告填写。

2. **水利基本建设项目财务决算表**

（1）"基建拨款"和"基本建设支出"（不含在建工程）应反映项目自开始实施至项目完成止的累计数。表中其余各项目应反映办理竣工财务决算时的结余数。

（2）资金占用总额应等于资金来源总额。

（3）"基建结余资金"应反映项目完成时的结余资金。

3. **水利基本建设项目支出表**

（1）"年度"应按项目实施的先后顺序逐年填列。

（2）"费用构成"应按会计核算的明细资料设置和填列，其分年度合计数应分别与历年财务决算保持一致。

4. **水利基本建设项目技术成果表**

（1）应反映项目实施各阶段形成的阶段性成果及其成果的主要内容。

（2）项目审查验收后，应补充项目形成的最终成果及其成果的主要内容。

5. **水利基本建设项目交付使用资产表**

（1）应按"接收单位"分别填列。

（2）"资产项目名称"应逐项填列。

（3）项目资产移交多个接收单位的，应另行编制交付使用资产表汇总表，反映项目的接收单位及其各单位接收的资产价值总额。

6. 报表之间相关数据的主要钩稽关系

（1）非竣财 2 表的"基本建设支出"应与非竣财 3 表"合计"行的"合计"数保持一致。

（2）非竣财 2 表的"基本建设支出"行的"交付使用资产"应与非竣财 5 表各接收单位的"资产金额"栏的"合计"的汇总数保持一致。

第三章　水利工程竣工决算审计

第一节　《水利基本建设项目竣工决算审计规程》的简述[①]

中华人民共和国水利部批准的《水利基本建设项目竣工决算审计规程》（SL 557—2012）（简称"规程"）为水利行业标准，该标准于 2012 年 3 月 28 日颁布并自同年 6 月 28 日起施行。规程推动了竣工审计工作从事后审计向事前监督、过程跟踪审计，到最后竣工审计的全过程跟踪审计转变。

规程对水利审计部门的水利基本建设项目竣工决算审计（以下简称"竣工决算审计"）工作有很强的指导性意义，增强了实际工作中的可操作性，提高了水利基本建设项目竣工决算的效率并进一步对审计工作进行规范。

一、总则

（一）竣工决算审计的概念

竣工决算审计是指水利基本建设项目（以下简称"建设项目"）竣工验收前，水利审计部门对其竣工决算的真实性、合法性和效益性进行的审

---

① 参见《水利基本建设项目竣工决算审计规程》（SL 557—2012）条文说明。

计监督和评价。

(二) 规程制定的目的及意义

竣工决算审计作为水利基本建设程序的重要环节之一，是水利基本建设项目竣工验收前的必经程序。而目前各项实务工作仍存在竣工决算审计程序不够规范、内容不够全面、审计质量不够高等问题。因此，通过总结竣工决算审计工作经验，研究制定规程，能够进一步规范和指导全国水利基本建设项目竣工决算审计工作。

(三) 规程适用对象

水利主管部门主持竣工验收的建设项目竣工决算审计。

(四) 审计主体

建设项目竣工验收主持单位的水利审计部门。

(五) 审计依据

1. 审计评价依据

审计评价依据主要有财政部、水利部《水利基本建设资金管理办法》（财基字〔1999〕139号），财政部《国有建设单位会计制度》（财会字〔1995〕45号）、《基本建设财务管理规定》（财建〔2002〕394号），水利部《水利水电建设工程验收规程》（SL 223）、《水利基本建设项目竣工财务决算编制规程》（SL 19—2014）等。

建设项目竣工决算审计相关事项涉及建设项目主管部门，设计、施工、监理等参建单位，规程规定相关单位应做好审计配合工作，必要时就相关事项可进行延伸审计。

2. 审计实施依据

建设项目竣工决算审计实施依据主要有《中华人民共和国审计法》、《中华人民共和国审计法实施条例》、《中华人民共和国国家审计准则》

(审计署令第 8 号)、《审计署关于内部审计工作的规定》(审计署令第 11 号)、水利部《水利基本建设项目竣工决算审计暂行办法》(水监〔2002〕370 号)、中国内部审计协会《内部审计基本准则》及具体准则、《内部审计人员职业道德规范》等。

二、术语

1. **水利审计部门**(audit department of water resources)
各级水利主管部门设立的内部审计机构或履行内部审计职责的机构。

2. **国家审计**(national audit)
国家审计机关对建设项目的财务收支和建设管理行为进行的审计监督和评价。

3. **社会审计**(social audit)
社会审计机构接受委托对建设项目进行有偿审计活动。

4. **造价审计**(cost audit)
水利审计部门或受委托的社会审计机构对建设项目合同履行相关的工程价款结算进行审核的行为。

5. **审计立项**(audit project)
水利审计部门将建设项目竣工决算审计纳入年度工作计划,并做出时间及人员安排的行为。

6. **审计基准日**(audit reference date)
竣工决算审计监督和评价的时点,应与竣工财务决算基准日一致。

7. **审计报告**(audit report)
竣工决算审计任务完成后,审计组或受委托的社会审计机构向派出或委托的水利审计部门报告工作任务完成情况及其结果的总结报告。

8. **审计证据**(audit evidence)
水利审计部门和审计人员获取的,用以证明竣工决算审计事实真相,形成竣工决算审计结论的证明材料。

9. **审计主体**(audit main body)
在竣工决算审计活动中主动实施审计行为,行使审计监督权、评价权的水利审计部门和审计人员。

10. **审计结论**（audit conclusion）

水利审计部门对竣工决算审计出具的审计报告、决定、意见、建议的总称，是对建设项目竣工决算审计监督和评价的结果。

11. **后续审计**（follow-up audit）

水利审计部门对竣工决算审计结论整改落实情况实施的审计。

12. **概算结余**（budget surplus）

批准建设项目概算投资同实际完成投资的差异，在建设项目资金全部到位的情况下，同竣工结余资金数一致。

三、审计内容

（一）一般规定

竣工决算审计应结合建设项目的类型、规模、管理体制等确定审计内容。审计内容应包括主要环节的建设管理、资金运动的主要流向及概算执行情况等。

（二）规程涉及的审计内容

审计内容包括以下十四类：建设项目批准及建设管理体制审计，项目投资计划、资金来源及概算执行审计，土地征用及移民安置资金管理使用审计，基本建设支出审计，未完工程投资及预留费用审计，交付使用资产审计，基建收入审计，建设项目竣工决算时资金构成审计，竣工财务决算编制审计，招标、投标及政府采购审计，合同管理审计，建设监理审计，财务管理审计，以及历次审计检查审计。

（三）各类审计内容规范

（1）建设项目批准及建设管理体制审计。建设项目的建设管理审计内容较多，本节从组织形式和质量管理两个方面进行了规范，招标、投标、合同管理、建设监理等方面在其他章节中予以规范。

（2）项目投资计划、资金来源及概算执行审计。建设项目投资计划

（预算）未及时足额下达，资金来源未及时到位的，应进行原因分析和披露。

（3）土地征用及移民安置资金管理使用审计。规程分别对土地征用及移民安置资金的批复、管理形式、资金拨付、资金使用及国家审计的审计内容进行了规范。土地征用及移民安置资金由地方政府包干使用的，以县级以上地方政府审计机关的审计结论为依据；由项目法人直接使用的，应根据本规程确定的审计内容进行全面审计。

（4）基本建设支出审计。工程造价审计应由有资质的专业机构或人员进行。水利审计部门因审计人员不足或专业力量无法满足审计需要时，可委托专业机构或聘请专业人员组织进行工程造价审计。其他基本建设支出是指除工程造价审计以外的支出，与工程造价审计认定的支出合计应为工程总投资支出。

（5）未完工程投资及预留费用审计。规程分别对未完工程投资及预留费用的依据、内容、资金来源、预留比例的审计内容进行了规范。

（6）交付使用资产审计。规程分别对交付使用资产对象确认、分类、计价、移交管理的审计内容进行了规范。

（7）基建收入审计。规程分别对基建收入内容、确认和分配的审计内容进行了规范。

（8）建设项目竣工决算时资金构成审计。规程分别对项目概算结余、竣工结余资金、债权债务的清理、竣工结余资金分配的审计内容进行了规范。资金未全部到位的，在审计报告中应要求在资金到位后再确认结余资金。资金存在缺口的（竣工结余资金为负数），应如实披露。

（9）竣工财务决算编制审计。规程分别对竣工财务决算编制的主体、时限、依据、内容和方法的审计内容进行了规范。

（10）招标、投标及政府采购审计。规程分别对招标、投标及政府采购实施的审计内容进行了规范。

（11）合同管理审计。规程分别对合同管理的组织、签订、变更、履行、终止的审计内容进行了规范。

（12）建设监理审计。规程对水利基建工程是否实行建设监理制、监理单位及监理人员资质是否符合规定、监理业务是否按有关规定及合同履行等进行了相关规范。

（13）财务管理审计。规程分别对财务管理体制、制度建设、主要财务关系及处理、会计核算和会计基础工作的审计内容进行了规范。主要财务关系有项目法人与主管部门或地方财政部门的资金领拨和核销，项目法人与施工、设计、监理、物资供应等单位的合同款结算和支付，项目法人与管理单位的资产移交，等等。

（14）历次审计检查审计。历次审计、检查、稽查发现问题已整改落实的，在审计报告中可不作为问题提出；未整改落实的，应作为问题提出，并要求进一步整改落实。竣工决算审计可利用历次审计、检查、稽查的成果。

四、审计程序

（一）一般规定

竣工决算审计的程序应包括以下四个阶段：
（1）审计准备阶段。包括审计立项、编制审计实施方案、送达审计通知书等环节。
（2）审计实施阶段。包括收集审计证据、编制审计工作底稿、征求意见等环节。
（3）审计报告阶段。包括出具审计报告、审计报告处理、下达审计结论等环节。
（4）审计终结阶段。包括整改落实和后续审计等环节。
水利审计部门在开展竣工决算审计过程中，应按照规定的审计程序进行，具体流程框架如图3-1所示。

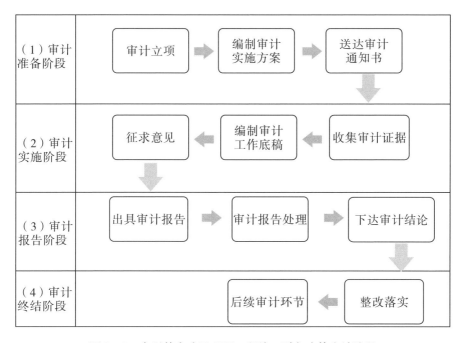

图 3-1　水利基本建设项目工程竣工财务决算审计流程

（二）审计程序各个环节的有关规定的依据

本规程中对审计程序各个环节有关规定的依据包括《内部审计具体准则第 1 号——审计计划》《内部审计具体准则第 2 号——审计通知书》《内部审计具体准则第 3 号——审计证据》《中华人民共和国国家审计准则》《内部审计具体准则第 4 号——审计工作底稿》《内部审计具体准则第 7 号——审计报告》《内部审计具体准则第 11 号——结果沟通》。

五、审计方法

随着审计技术的发展，水利审计人员应及时掌握、运用新的审计方法，保证建设项目竣工决算审计目标的实现。竣工决算审计应根据审计组织形式、建设项目的规模和管理特点等选择相应的审计方法。审计方法主要包括详查法、抽查法、核对法、调查法、分析法等。

水利审计人员可根据竣工决算审计工作需要采取 5 种常用审计方法和其他审计方法。

（一）详查法

详查法是指在竣工决算审计时，对建设项目建设管理的所有环节和建设资金使用的全部事项进行全面、详细审查的审计方法。

详查法适用于建设规模较小、内部管理不规范、会计核算不清晰或已经发现重大违法违纪现象的建设项目竣工决算审计。

审计人员运用详查法进行竣工决算审计时，审计结论应全部以审计证据为依据。应对建设项目建设管理和财务管理所有的资料进行全面、详细的审查、分析，据此做出审计判断。

（二）抽查法

抽查法是在竣工决算审计时，从建设管理和财务管理事项中抽取其中一部分进行审查，根据审查结果，对竣工决算情况进行评价的审计方法。

抽查法适用于建设规模较大，内部控制制度和会计基础较好，机构比较健全的建设项目竣工决算审计。

审计人员运用抽查法进行竣工决算审计时，应根据建设管理关键环节和财务管理中的主要资金流向选择抽样方法。

（三）核对法

核对法是在竣工决算审计时，将建设管理和财务管理事项中的相关记录中两处以上的同一数值或相关数据相互对照，用以验明内容是否一致、计算是否正确、事项是否真实正确的审计方法。

核对法适用于竣工决算账、表、证之间的相互核对，交付使用资产和账务的核对，工程价款结算量和实际完成量等之间的核对等。

审计人员运用核对法进行竣工决算审计时，应查明核对中发现的错误或疑点，及时查明原因。采用核对法作为证据的资料应真实正确。当缺乏依据时，相互核对的数据应至少有两个不同来源，并使其核对相符。

（四）调查法

调查法是指在竣工决算审计时，对建设管理和财务管理事项进行内查外调，以判断真相，取得审计证据的方法。

调查法适用于工程价款结算的价格、银行存款、往来款项等的调查核实。

审计人员运用调查法进行竣工决算审计时，应制定调查方案，明确目的，确定被调查单位、内容、程序、方法及时间安排等，并严格执行。

（五）分析法

分析法是指在竣工决算审计时，对建设管理和财务管理事项进行分析，以反映竣工决算审计事项真实合法的审计方法。

分析法适用于竣工决算审计中的有关概算执行、合同履行、投资效益等的审计。

审计人员运用分析法进行竣工决算审计时，应根据不同的需要选择进行比率分析、因素分析等方法，以达到审计目的。

（六）其他方法

按照审查书面资料的技术，可分为审阅法、复算法、比较法等。按照审查资料的顺序，可分为逆查法和顺查法等。按照实物核对的方法，可分为盘点法、调节法和鉴定法等。

第二节　水利基本建设项目工程竣工决算审计业务实施具体流程[①]

一、审计准备阶段

(一) 审计立项

审计立项是指审计前所立出的审计项目。审计立项是审计工作的第一个环节，即确定被审计的对象、何时审计、如何审计等。

竣工决算审计应进行立项，并明确被审计单位和审计事项。审计立项应依据上级水利审计部门、同级国家审计机关和内部审计制度的要求进行。项目法人应在竣工财务决算编制完成后10个工作日内向水利审计部门书面申报竣工决算审计立项；水利审计部门对符合竣工决算审计条件的建设项目，应在接到项目法人书面申报10个工作日内立项。

(二) 编制审计实施方案

审计实施方案是审计项目实施的依据，也是控制审计质量、提高工作效率的重要手段。

水利审计部门应在实施竣工决算审计前进行审前调查，制定审计实施方案，对审计工作做出计划和安排。编制审计实施方案应遵循全面性、效率性、规范性原则，按照竣工决算审计程序安排审计作业的全过程，明确提高竣工决算审计工作质量和工作效率措施。审计实施方案应由审计组负责编制，经水利审计部门审核后实施。

---

① 参见《水利基本建设项目竣工决算审计规程》(SL 557—2012) 中的审计程序。

(三) 送达审计通知书

审计通知书是指水利部内部审计机构在实施审计前，通知被审计单位接受审计的书面文件。

竣工决算审计实施前，应向被审计单位印发审计通知书，作为被审计单位接受审计的书面文件。水利审计部门应根据审计立项文件和内部管理的有关要求编制审计通知书。审计通知书格式如图 3-2 所示。

<h3 style="text-align:center;">审计通知书</h3>
编号

<u>主送单位名称</u>：

按照<u>（相关规定）</u>的要求，经研究，决定对<u>（项目名称）</u>进行竣工决算审计，现将有关事项通知如下：

一、审计组织形式

二、时间安排

三、审计人员安排

四、应提供的资料

五、应提供的工作条件

六、其他要求

签　章
日　期

图 3-2 审计通知书

资料来源：《水利基本建设项目竣工决算审计规程》（SL 557—2012）附录 G。

水利审计部门应在审计组进驻 3 个工作日前送达审计通知书；特殊情况可在实施审计时送达。

水利基本建设项目法人应当积极配合审计部门或被其委托的社会审计机构的审计工作，并按照审计需要提供下列资料：

（1）水利基本建设项目建议书、可行性研究报告。

（2）水利基本建设项目初步设计的批准文件。

（3）水利基本建设项目的预算（概算）批复资料。

（4）水利基本建设项目的年度投资计划或资金筹措文件。

（5）水利基本建设项目的合同文本和招标、投标有关文件和资料。

（6）水利基本建设项目的施工图纸和设计变更的资料。

（7）水利基本建设项目的内控制度。

（8）水利基本建设项目有关的财务账簿、凭证、报表及工程结算资料。

（9）水利基本建设项目的竣工初步验收报告。

（10）水利基本建设项目工程竣工财务决算报表。

（11）审计需要提供的其他资料。

水利基本建设项目法人应对提供资料的真实性、完整性、及时性负责。

二、审计实施阶段

（一）收集审计证据

审计人员在竣工决算审计过程中，应通过实施审计程序获取审计证据，作为审计评价的依据。

审计证据应包括书面证据、实物证据、视听电子证据、口头证据、环境证据等。审计证据应以书面证据为主。

审计人员可采用检查、观察、询问、外部调查、重新计算、重新操作、分析等方法获取审计证据。

审计人员应对获取的审计证据的充分性、相关性和可靠性进行复核，应实行三级复核。

审计人员获取的审计证据需要进行鉴定的，应以鉴定结论作为审计证据;对被审计单位存有异议的审计证据,审计人员应做进一步核实。审计证据格式如表3-1所示。

表3-1 审计证据

被审计单位			
证据内容摘要			
取证人		取证时间	
复核人		复核时间	
所附原始资料名称、页次			
证据详细内容记录			
被审计单位意见			

注:被审计单位意见可另附说明。
资料来源:《水利基本建设项目竣工决算审计规程》(SL 557—2012)附录H。

(二) 编制审计工作底稿

审计人员在竣工决算审计过程中，应编制审计工作底稿，将获取审计证据的名称、来源、内容、时间等清晰、完整地记录在审计工作底稿中，作为联系审计证据和审计结论的桥梁。

审计工作底稿应载明：被审计单位和建设项目的名称，竣工决算审计事项及其期间或截止日期，审计程序的执行过程和执行结果记录，审计结论，执行人员姓名和执行日期，复核人员姓名、复核日期和复核意见，索引号及页次，审计标识与其他符号及其说明等。审计工作底稿格式如表3-2所示。

表3-2 审计工作底稿

被审计单位或项目名称			
审计事项		页次	
编制人		编制时间	
复核人		复核时间	
审计过程记录			

(续上表)

审计定性的文件依据及具体条文	
查出问题的处理意见或建议	
复核意见	

资料来源：《水利基本建设项目竣工决算审计规程》（SL 557—2012）附录 I。

审计工作底稿的形式可是纸质、磁带、磁盘、胶片或其他有效的信息载体。无纸化的审计工作底稿应制作备份。

审计组应建立审计工作底稿分级复核制度，明确审计工作底稿复核的职责。如发现审计工作底稿存在问题，应要求相关审计人员补充或重新编制审计工作底稿。

竣工决算审计完成后，水利审计部门应对审计工作底稿按相关要求进行归档和管理。

（三）征求意见

审计报告正式出具前，水利审计部门应将审计报告的征求意见稿书面征求有关单位意见。征求意见函格式如图 3-3 所示。

征求意见函

(主送项目法人单位)：

根据(相关规定及年度审计计划)的要求，(水利审计部门或受托社会审计机构)组成审计组，对(项目名称)进行竣工决算审计。

现将《(审计报告名称)(征求意见稿)》送达(被审计单位)，请自接到审计报告征求意见稿之日起 10 个工作日内，提出书面意见；逾期未提出书面意见的，视同无异议。

反馈单位（地址）：

联系人：

联系方式：

签 章
日 期

图 3-3　征求意见函

资料来源：《水利基本建设项目竣工决算审计规程》（SL 557—2012）附录 J。

征求意见范围应为被审计单位，必要时可征求项目主管部门、项目参建单位等相关单位意见。

征求意见内容主要应包括审计报告中反映的情况是否事实存在，对存在的问题定性是否准确，处理意见和建议是否恰当等。

征求意见应以书面形式进行，可辅以召开座谈会等其他形式进行沟通。

征求意见期限宜为 10 个工作日。在征求意见期限内未提出书面意见的，应视为同意审计报告。

三、审计报告阶段

(一) 出具审计报告

审计组在竣工决算审计结束后，应向水利审计部门出具审计报告，作为竣工决算审计工作的书面文件。审计报告应包括标题、收件人、正文、附件、签章、日期等要素。审计报告格式如图3-4所示。

×××竣工决算审计报告

<u>（主送被审计单位适当管理层或委托单位）</u>：

一、审计概况

二、审计依据

三、审计发现

四、审计结论

五、审计建议

六、其他方面

附件：

（一）建设项目竣工决算概算执行情况审定表

（二）工程造价审核明细表

（三）建设项目竣工未完工程投资及预留费用情况审定表

（四）建设项目竣工交付使用资产情况审定表

（五）建设项目竣工决算资金情况审定表

签　章
日　期

图 3-4　×××竣工决算审计报告

资料来源：《水利基本建设项目竣工决算审计规程》（SL 557—2012）附录 K。

审计报告的正文应包括审计概况、审计依据、审计发现、审计结论、审计处理意见及建议等内容。审计报告应以审计证据、国家有关规定、被审计单位反馈意见等为依据进行编制。水利审计部门应组织对审计报告进行复核。复核主要包括形式复核和内容复核。

（二）审计报告处理

水利审计部门应依据审计组出具的审计报告，下达审计结论，要求被审计单位整改落实。下达审计结论的形式包括转发审计报告，印发审计决定、审计意见、审计建议等。审计结论应直接下达项目法人或项目主管部门，必要时可抄送相关单位。

审计结论下达后，水利审计部门应将审计报告、审计结论文件及相关审计资料及时归档。

四、审计终结阶段

（一）整改落实

项目法人和相关单位应按照水利审计部门下达的审计结论进行整改落实，并将整改落实情况书面报送给水利审计部门。

项目法人和相关单位必须执行审计决定，落实审计意见，采纳审计建议。

项目法人和相关单位应在收到审计结论60个工作日内执行完毕，并向水利审计部门报送审计整改报告；确需延长审计结论整改执行期的，应报水利审计部门同意。

（二）后续审计

水利审计部门必要时可对已下达的审计结论整改落实情况进行后续审计，评价被审计单位采取的措施是否及时、合理、有效。

后续审计的内容是检查被审计单位对审计结论的采纳与执行情况，评价被审计单位的执行效果。

对被审计单位已执行的审计结论部分,在后续审计中应予以披露;对未执行的部分,应做出相应的处理。

第三节　水利工程竣工决算审计组织管理[①]

为保证竣工决算审计顺利开展,水利审计部门应加强组织管理。有关单位应为竣工决算审计实施提供必要的条件。

在开展竣工决算审计时,水利审计部门应根据实际情况确定审计组织形式。审计组织形式可分为自行开展和委托社会审计机构两种。

水利审计部门自行开展竣工决算审计的,应成立审计组。人员应由水利审计部门人员组成,审计组组长宜由水利审计部门负责人担任。因审计人员不足或专业力量无法满足审计需要时,可聘请有关专家参加竣工决算审计。竣工决算审计报告应由审计组出具。审计组组长应对审计报告的真实性和完整性负责。

委托社会审计组织开展竣工决算审计的,应要求社会审计机构成立审计组,并明确负责人员。

本节将从委托社会审计业务管理、审计费用管理、审计档案管理三个方面阐述水利工程竣工决算审计的组织管理。

一、委托社会审计业务管理

社会审计机构的选择应体现竞争原则,在审查资格资质,综合比较质量、信誉、服务等的基础上,择优选定。对大型项目竣工决算审计业务宜通过政府采购等方式选定社会审计机构。委托社会审计应通过签订经济合同、业务委托书等方式,明确相关单位的权利义务。

水利审计部门委托社会审计机构进行竣工决算审计应出具审计业务委托书,作为社会审计机构开展竣工决算审计的依据。审计业务委托书的主要内容应包括社会审计机构名称、竣工决算审计项目名称、审计内容、审

[①] 参见《水利基本建设项目竣工决算审计规程》(SL 557—2012)中的组织管理。

计期限、审计质量要求及委托日期、签章等。审计业务委托书格式如图 3-5 所示。

审计业务委托书

编号

(受托的社会审计机构)：

根据工作安排，决定委托你单位对(项目名称)项目进行竣工决算审计。有关审计事项要求如下：

一、编制审计实施方案的要求

二、审计起始时间的要求

三、审计报告的要求

四、接受业务指导和监督的要求

五、遵循职业道德的要求

六、其他要求

签　章

日　期

图 3-5　审计业务委托书

资料来源：《水利基本建设项目竣工决算审计规程》(SL 557—2012) 附录 L。

审计业务委托书应主送受托的社会审计机构，并抄送项目法人。受托的社会审计机构应向水利审计部门出具承诺书，作为其承担竣工决算审计义务的书面文件。承诺书主要内容应包括委托单位名称、愿意接受委托的表示及对审计业务客观公正、审计内容、审计质量、保密等。承诺书格式如图3-6所示。

承诺书

(主送委托单位)：

(委托单位)向我单位发出的审计业务委托书(委托书编号及项目名称)已收到，经研究，决定接受该项审计业务委托，并作如下承诺：

一、遵守国家法律法规的承诺

二、按照相关规定和审计实施方案实施审计的承诺

三、对审计报告真实性和完整性负责的承诺

四、接受审计业务指导和监督的承诺

五、遵循职业道德的承诺

六、其他承诺

承诺人签章

日　期

图 3-6　承诺书

资料来源：《水利基本建设项目竣工决算审计规程》(SL 557—2012) 附录 M。

承诺书应由水利审计部门制定规范的格式文本，要求受托的社会审计机构签章确认，向水利审计部门出具，宜抄送项目法人。社会审计机构实施竣工决算审计完成后，应向水利审计部门出具审计报告，并对其真实性和完整性负责。

水利审计部门应加强对委托审计业务的指导监督，对社会审计机构制定的审计实施方案进行审核，督促其按审计方案组织实施。社会审计机构应定期将竣工决算审计工作开展情况向水利审计部门汇报；水利审计部门

应及时指导处理，以提高审计质量，防范审计风险。

二、审计费用管理

水利审计部门应在审计费用落实后开展竣工决算审计工作。水利审计部门和项目法人应按照国家规定的标准控制审计费用的支出。

竣工决算审计费用纳入部门预算和经费计划的，审计费用应由水利审计部门所在单位支付；未纳入部门预算和经费计划的，审计费用应由项目法人支付，列入工程投资。

三、审计档案管理

竣工决算审计活动中形成的、具有保存价值的文字、图表、声像等形式的审计档案应按档案管理的规定管理。

审计项目档案主要应包括：审计立项文件、审计通知书、审计实施方案、审计记录、审计工作底稿、审计证据、征求意见稿、征求意见函、反馈意见、审计报告等相关资料；委托社会审计的，还应包括审计业务委托书、社会审计机构出具的承诺书等相关资料。

审计项目档案应按项目立卷，不应将多个审计项目合并立卷。跨年度的审计项目，应在项目审计终结的年度立卷。

审计项目档案应长期保存。水利审计部门自行开展竣工决算审计的，审计项目档案应由水利审计部门自行保管，或委托专业档案管理机构保管。委托社会审计机构审计的，审计项目档案应根据形成主体由水利审计部门和社会审计机构分别保管。

第四章　长期已使用在建工程转固流程

第一节　背景介绍

一、广东水利在建工程现状

财政部2019年1月4日印发《财政部关于加快做好行政事业单位长期已使用在建工程转固工作的通知》（财建〔2019〕1号），要求党中央有关部门，国务院各部委、各直属机构，进一步解决在建工程比例较大、计入固定资产比例较低等问题，并就加快做好行政事业单位长期已使用在建工程转固相关工作提出五点意见。广东省财政厅为尽快落实长期已使用在建工程转固工作，于2019年1月30号转发《关于加快做好行政事业单位长期已使用在建工程转固工作的通知》（粤财建〔2019〕7号）并提出四条贯彻意见，由此拉开了广东省行政事业单位长期已使用在建工程清理和结转的大幕。

二、财政部文件要求与新旧会计制度的衔接

（一）财政部文件要求

根据财政部财建〔2019〕1号文件的要求，做好行政事业单位长期已使用在建工程转固工作，当前务必做到以下五点。

第一，加快办理具备转固条件的竣工项目转固手续。《基本建设财务

规则》第四十二条规定，项目竣工验收合格后应当及时办理资产交付使用手续，即基本建设项目并非竣工财务决算批复后才能进行在建工程转固，已交付使用但尚未办理竣工决算手续的固定资产，应当按照估计价值入账，待办理竣工决算后再按实际成本调整原来的暂估价值。《基本建设财务规则》第二十八条规定，竣工价款结算一般应当在项目竣工验收后 2 个月内完成，大型项目一般不得超过 3 个月。项目主管部门应当指导和督促项目建设单位，完成项目竣工验收、工程竣工价款结算、资产交付使用后，按规定及时办理在建工程转固手续。

第二，主动做好竣工财务决算编制等转固基础工作。《基本建设项目竣工财务决算管理暂行办法》第二条规定，基本建设项目完工可投入使用或者试运行合格后，应当在 3 个月内编报竣工财务决算，特殊情况确需延长的，中小型项目不得超过 2 个月，大型项目不得超过 6 个月。《基本建设财务规则》第三十七条规定，项目主管部门对项目竣工财务决算实行先审核、后批复的办法，对符合批复条件的项目，应当在 6 个月内批复。项目主管部门要及时指导和督促项目建设单位按时编报项目竣工财务决算，做好在建工程转固基础工作。项目主管部门要及时批复符合条件的基本建设项目竣工财务决算。项目建设单位要及时依据批复的项目竣工财务决算，按照政府会计准则制度进行转固资产账务调整处理。

第三，积极推动长期已使用在建工程转固。项目单位要进一步规范和加强基建管理，全面清理基建会计账务。对于尚不具备转固条件、已计入在建工程科目核算的实际成本，进行核实、确认；对于已交付使用的建设项目，应按规定及时办理基本建设项目竣工财务决算相关手续，确认固定资产入账成本等。要主动掌握在建工程转固政策，避免造成工作滞后和被动，防止出现故意不办理在建工程转固、继续从已完工在建工程中列支各种费用支出、项目运行维护费用等行为。

第四，将长期已使用在建工程转固情况纳入中央基本建设项目竣工财务决算工作进度报告。项目主管部门要加强对长期已使用在建工程转固工作的监督管理，按照财政部《关于及时报送中央基本建设项目竣工财务决算工作进度和结余财政资金上交情况的通知》（财建〔2017〕606 号），及时掌握项目竣工财务决算编制、批复、长期已使用在建工程转固工作进度，按时将有关情况报送财政部。

第五，将长期已使用在建工程转固情况纳入年度资产报告。要按照进一步加强和改进行政事业单位国有资产管理工作统一要求，将长期已使用在建工程转固情况纳入本单位年度资产报告，并重点对在建工程未转固定资产等问题进行说明。中央部门和地方财政部门要总结长期已使用在建工程转固管理情况，随年度行政事业单位国有资产报告一并报财政部。

广东省是水利大省，水利基本建设工程项目众多，已达到可使用状态但尚未办理竣工验收、尚未转固的在建工程数目多，金额大。结合实际情况，广东省财政厅粤财建〔2019〕7号文件要求，省级基建项目因历史遗留问题等原因已交付使用尚未办理竣工财务决算手续、也未按照估值入账的固定资产，应在收到通知后3个月内办理估值入账，并尽快按规定编报竣工财务决算，待办理竣工财务决算后按实际成本调整原来的暂估价值，切实推动长期已使用在建工程转固工作。未交付使用的省级在建工程，应严格按照《广东省财政厅关于基本建设财务管理的实施办法》及其相关配套制度要求，切实加强基本建设财务管理，按规定期限主动做好竣工财务决算编制等转固基础工作，确保按规定及时办理转固手续。

(二) 现行政府会计制度要求

财政部2017年10月印发了《政府会计制度——行政事业单位会计科目和报表》（财会〔2017〕25号，以下简称"新制度"）。目前执行《事业单位会计制度》（财会〔2012〕22号，以下简称"原制度"）的单位，自2019年1月1日起执行新制度，不再执行原制度。为了确保新旧会计制度顺利过渡，对执行新制度的有关衔接问题也做出了具体规定。

对于长期已使用在建工程转固相关要求，新制度对相关会计科目（公共基础设施、固定资产、在建工程、累计折旧等）、会计核算制度以及相关会计报表的编制做出了具体规定，详细内容已在前面第二章展开，这里不进行赘述。

三、长期已使用在建工程转固的政策适用性

水利部在基本建设管理制度设计方面，从项目建议书到可行性研究报告、初步设计、施工、生产准备和竣工验收等环节均制定了一整套十分严谨的规程规范。同时，国家发展改革委和财政部门等对基本建设项目（或

固定资产投资项目）的结算、验收、决算和转增资产也相应设立了一整套管理监督和报表制度。

但由于水利工程项目工程量大、跨越时间长，往往需要经过较长的建设周期才能达到竣工验收交付使用状态，对于需要地方自筹资金的基本建设项目，可能会由于各种实际问题，出现结算滞后、竣工决算拖延等情况，造成大量已经达到使用状态的"在建工程"长期挂账。因此，财政部财建〔2019〕1号文件要求各项目建设单位的会计核算回到制度的原点，尽快办理具备转固条件的已完工程项目转固工作。所谓的原点包括"《基本建设财务规则》第四十二条规定，项目竣工验收合格后应当及时办理资产交付使用手续，即基本建设项目并非竣工财务决算批复后才能进行在建工程转固，已交付使用但尚未办理竣工决算手续的固定资产，应当按照估计价值入账，待办理竣工决算后再按实际成本调整原来的暂估价值"，财政部财建〔2019〕1号文件有利于切实推动解决当前存在的诸多历史遗留问题。因此，在现行政策指导意见下，各单位应根据相关制度规定和会计准则原理的要求，进一步简化手续，尽快将已完工交付使用或已达到可使用状态的在建工程转为固定资产，加快做好历史遗留问题的处理工作。

四、术语解读

通过解读政策、法规和相关制度规定，结合广东省转固工作调研实际情况，笔者所在的项目组对有关术语给予如下解读。

（一）估计价值

财政部财建〔2019〕1号文件规定，"已交付使用但尚未办理竣工决算手续的固定资产，应当按照估计价值入账，待办理竣工决算后再按实际成本调整原来的暂估价值"，文件并未详细解释估值应该"怎么估、估多少、谁来估"的问题。同时，近年来会计政策法规更新频繁，项目组通过调研广东省县（市、区）有关水利工程建设项目发现，会计人员即使想推动转固工作，但也面临着不知道如何确定估计价值的现实难题。笔者认为应从以下三个方面分析理解估计价值。

第一，根据《政府会计准则——基本准则》（中华人民共和国财政部令第78号）第三十条"资产的计量属性主要包括历史成本、重置成本、现值、公允价值和名义金额"和第三十一条"政府会计主体在对资产进行计量时，一般应当采用历史成本"。虽然现在只是按暂估价值转固，但最终办理竣工决算后实际成本依然要遵循资产计量一般采用历史成本的原则。历史成本又称实际成本，是取得或制造某一财产物资时实际支付的现金或其他等价物。由于水利工程基本建设项目一般按照合同约定会预留工程质量保证金，或由于各种实际问题出现自筹资金不到位的情况，导致工程实际完工结算的成本核算金额与实际支付工程款的金额不对等，根据实质重于形式原则，水利工程完工结算总额是项目取得的实际应支付成本，只是因部分工程款未支付挂列应付未付往来款。

第二，在建工程转固的会计处理属于财务会计核算，无须预算会计核算，根据政府会计制度，单位财务会计核算实行权责发生制。权责发生制原则是指会计核算应当以权责发生制作为会计确认的时间基础，即收入或费用是否计入某会计期间，不以是否在该期间内收到或付出现金为标志，而是依据收入是否归属该期间的成果、费用是否由该期间负担来确定。凡是当期已经实现的收入和已经发生或应当负担的费用，不论款项是否收付，都应当作为当期的收入和费用；凡是不属于当期的收入和费用，即使款项已在当期收付，也不应当作为当期的收入和费用。因此，在建工程转固应以实际完工结算时的金额作为工程的成本估值入账，即实际完成投资的建筑安装工程投资、待摊投资、设备投资、其他投资等总和。

第三，根据基本建设项目财务核算习惯，已交付使用工程实际完成投资的成本一般为建筑安装工程投资、待摊投资、设备投资、其他投资等总和，往往实际支付工程款金额小于实际完成投资的成本。如果按照实际支付工程金额作为估计价值转固，实际完成投资的成本仅转固已支付部分，仍有余额未能达到完全销账的目的。根据调研情况，个别已完工交付使用工程因历史遗留问题、项目法人变更、资料遗失等，未能完整反映整个项目实际投资成本的，需业务部门给予协助配合，提供相关结算鉴定资料、交接清单、文件材料、情况说明等作为入账依据，补登完善项目投资总成本，再进行转固。

结合上面三点，笔者认为估计价值应为工程完成投资结算金额或最终定案金额，但存在一个实际问题，即长期挂列自筹资金部分的应付未付工程款，而且该未到位自筹资金无法确定到位时间，可能长期挂账，财务人员应灵活做好往来挂账科目设置。

（二）资产交付与资产划拨

资产交付是指已完成购置或建筑的工程，并已办理了验收交接手续的各项资产交付给生产使用单位的程序。资产交付属于项目建设阶段，从基本建设到完成投资形成资产交付的程序，简单来说是指实物资产的交付。账务处理是同一账套内不同科目的转换，由"建筑安装工程投资""待摊投资""设备投资""其他投资"等科目转到"交付使用资产"科目。

资产划拨是指完成基建程序的资产交付后进行资产划分。资产划拨属于项目建设已完成、资产法律主体划分归集的过程。简单来说是指资产法律意义上的转移，主体由项目法人转移到运行单位的过程。财务处理方面是不同会计主体的转换。

资产交付与资产划拨的财务具体操作，见《政府会计准则制度解释第2号》（财会〔2019〕24号）中关于"在建工程"科目有关账务处理规定："建设项目竣工验收交付使用时，按规定先转入建设单位、再无偿划拨给其他会计主体的，建设单位应当按照《政府会计制度》规定，先将在建工程转入'固定资产''公共基础设施'等科目，再按照无偿调拨资产相关规定进行账务处理。建设单位与资产调入方应当按规定做好资产核算工作的衔接和相关会计资料的交接，确保交付使用资产在记账上不重复、不遗漏。"

（三）清账与销账（报备）

清账是指结清、付清账目，一般指竣工财务决算编制前的账务清理、债权债务清理。

根据《水利基本建设项目竣工财务决算编制规程》（SL 19—2014）要求，竣工财务清理主要包括合同（协议）清理、债权债务清理、结余资金清理、应移交资产清理。

合同（协议）清理包括以下主要内容：①按合同（协议）编号或类别列示合同（协议）清单；②在工程进度款结算的基础上，根据施工过程中的设计变更、现场签证、工程量核定单、索赔等资料办理竣工（完工）结算，对合同价款进行增减调整；③清理各项合同（协议）履行的主要指标，如合同金额，累计已结算金额，预付款支付、扣回、余额，质量保证金扣留、支付、余额，履约担保、预付款保函（担保）；④确认合同（协议）履行结果；⑤落实尚未执行完毕的合同（协议）履行时限和措施。

债权债务清理包括核对和结算债权债务、清理坏账和无法偿付的应付款项。

结余资金清理包括逐一盘点核实并填列构成结余资金的实物清单、确定处理方式和办理处置手续。

应移交资产清理，包括以下主要内容：①按核算资料列示移交资产账面清单；②工程实地盘点，形成移交资产盘点清单；③分析比较移交资产账面清单和盘点清单；④调整差异，形成应移交资产目录清单。

销账是指勾销账目，对账目进行清理结算，结束账套。一般指将已完工验收、交付使用、长期无发生额的基建投资项目成本转入待核销基建支出、转出投资、交付使用资产、基建拨款等科目，资金来源和资金占用科目余额对冲冲转为零，结束账套。

（四）实质重于形式

根据《政府会计准则——基本准则》（中华人民共和国财政部令第78号）第十七条——"政府会计主体应当按照经济业务或者事项的经济实质进行会计核算，不限于以经济业务或者事项的法律形式为依据"，实质重于形式是指经济事项的实质重于法律表现形式，实质是经济事项的经济实质，形式是经济事项的外在法律形式。在实际工作中，经济事项的外在形式或人为形式并不能完全真实地反映其实质内容，会计信息应当按照经济事项的经济实质进行会计核算，而不能仅仅以其法律形式作为会计核算的依据。

（五）产权归属与实际控制

根据《政府会计准则制度解释第1号》（财会〔2019〕13号）规定，关于由有关部门统一管理，但由其他部门占有、使用的固定资产的会计处理："按规定由本级政府机关事务管理等部门统一管理（如仅持有资产的产权证等），但具体由其他部门占有、使用的固定资产，应当由占有、使用该资产的部门作为会计确认主体，对该资产进行会计核算……多个部门共同占用、使用同一项固定资产，且该项固定资产由本级政府机关事务管理等部门统一管理并负责后续维护、改造的，由本级政府机关事务管理等部门作为确认主体，对该项固定资产进行会计核算。同一部门内部所属单位共同占有、使用同一项固定资产，或者所属事业单位占有、使用部门本级拥有产权的固定资产的，按照本部门规定对固定资产进行会计核算。"

政府公共基础设施在建造、管理和维护等方面往往涉及多个部门或多个政府级次，一般遵循"谁负责管理维护谁入账"的原则，符合资产确认条件的公共基础设施，应当由按规定对其负有管理维护职责的政府会计主体予以确认，一般分为以下情况。

第一，多个政府会计主体共同管理维护的公共基础设施，应当由对该资产负有主要管理维护职责或者承担后续主要支出责任的政府会计主体予以确认。第二，分为多个组成部分由不同政府会计主体分别管理维护的公共基础设施，应当由各个政府会计主体分别对其负责管理维护的公共基础设施的相应部分予以确认。第三，负有管理维护公共基础设施职责的政府会计主体通过政府购买服务方式委托企业或其他会计主体代为管理维护公共基础设施的，该公共基础设施应当由委托方予以确认。

对于调入方的财务处理，《政府会计准则制度解释第1号》（财会〔2019〕13号）也有相关解释："按照相关政府会计准则规定，单位（调入方）接受其他政府会计主体无偿调入的固定资产、无形资产、公共基础设施等资产，其成本按照调出方的账面价值加上相关税费确定。但是，无偿调入资产在调出方的账面价值为零（即已经按制度规定提足折旧）或者账面余额为名义金额的，单位（调入方）应当将调入过程中其承担的相关税费计入当期费用，不计入调入资产的初始入账成本。"

第二节　基本建设项目长期挂账的原因分析

调查发现，广东省水利行业大量基本建设项目长期保留在"在建工程"或成本费用科目上，不能及时办理交付使用，形成固定资产。究其原因，笔者认为主要有以下五个方面。

一、建设单位对核算制度要求存在片面理解

一是没有确立已具备固定资产使用状态的资产必须结转固定资产的理念，而是错误地认为只有项目竣工验收后才结转固定资产，对转固工作的必要性、迫切性认识不足；二是建设过程中，业务部门与财务部门对及时结转固定资产工作配合不足，各方对转固工作不积极不主动，导致转固会计处理时缺乏材料及手续依据；三是上级主管部门监督管理不到位，放任建设单位已交付使用资产长期保留在"在建工程"科目或成本费用科目，导致账实不符。

二、制度变更与实操的复杂性

近30年我国基建会计经历了三种会计制度，分别是1995年发布的《国有建设单位会计制度》、2012年的《事业单位会计制度》和2013年的《行政单位会计制度》，以及2017年发布的《政府会计制度》。新出台的《政府会计制度》规定，单位对基本建设投资应当统一进行会计核算，不再单独建账。这样的新规定对水利工程建设会计核算提出了更高的要求。

然而，水利工程对基建会计的需求量大，对其专业性要求高，这也导致基层各单位的会计人员适应新制度的难度加大。况且部分水利单位重视程度不足，没有组织会计人员参加相关培训，因此存在大量基层会计人员对政策掌握不及时、理解不到位的问题，出现了在2019年甚至2020年，仍遵照旧制度进行基本建设项目会计核算的情况。

同时，虽然现行会计制度对在建工程结转固定资产做出了明确的规定，但广东省作为水利大省，水利基本建设项目投资众多，在建工程结转固定资产存在复杂性。比如：在建设水利项目过程中产生的拆迁移民费用，其资金的支付来源于地方自筹，这些概算外费用如何核算；多个小型水利工程重复建设问题如何做账；等等。现行会计制度对这种复杂性问题缺乏及时的指引，导致转固困难。

三、制度创新能力不足

目前,上级水行政主管部门在建工程结转固定资产存在一套完整流程,然而,由于现行融资建设模式的多样化,以及建设过程中出现的各类复杂问题,行业管理部门面临较大的制度更迭和创新压力。

第一,现行制度没有明确对建设单位在完成已完工程结转固定资产时的"估值"做具体的指引或流程规定。

第二,现行制度对于何时转增固定资产的规定不明确,只是定义了"已交付使用"这个模糊的时间界定,这就导致在实际操作过程中,在建工程转增固定资产主要依赖于财务主管人员或会计从业人员的主观判断。

第三,水利工程项目普遍由建设单位外包给其他建筑单位,并委托第三方机构进行评估和监督。部分项目由于资金未能足额到位等,无法保障已完工程或已完合同项目的完工结算,导致资产价值的计量缺乏制度支撑,缺乏制度明确规定由哪个主体单位部门对在建工程项目进行估值并形成资产,容易形成"三不管"地带,影响工作的效率。

四、职能部门缺乏协调配合

水利工程具有建设时间长、建设程序多的特点,其在建设过程中产生的资料数据也较为繁杂,因此,竣工财务决算编制前需要做好资料收集工作。然而,在实际操作过程中,涉及财务管理和会计核算的资料可能是分别交由不同部门负责的,各部门之间可能存在沟通不及时、反馈不足等问题,其提供的资料并不准确或有所遗漏。这种跨部门工作可能造成竣工财务决算编制不及时的问题,从而耽误整个工程的建设。此外,个别项目在立项或初步设计批复时没有明晰权属主体,或项目本身便缺乏承载的法律主体单位,或涉及多个乡镇部门,造成各部门均不乐意承接并协助办理资产移交手续,导致转固困难。

五、基层现实问题

(一) 制度理解偏差

2016年4月26日公布的《基本建设财务规则》(中华人民共和国财政部令第81号)第四十二条规定:"项目竣工验收合格后应当及时办理资产交付使用手续,并依据批复的项目竣工财务决算进行账务调整。"《基本建设项目竣工财务决算管理暂行办法》(财建〔2016〕503号)第十九条规定:"项目竣工后应当及时办理资金清算和资产交付手续,并依据项目竣工财务决算批复意见办理产权登记和有关资产入账或调账。"同时,《关于加快做好行政事业单位长期已使用在建工程转固工作的通知》(财建〔2019〕1号)再次强调了项目竣工验收合格后应当及时办理资产交付使用手续。

因此,基本建设项目并非竣工财务决算批复后才能进行在建工程转固,已交付使用但尚未办理竣工决算手续的固定资产,应当按照估计价值入账,待办理竣工决算后再按实际成本调整原来的暂估价值。在实际调研中我们发现,基层人员在暂估入账转固的认识上存在两个误区,一是认为在竣工财务决算批复后才能进行转固处理,二是认为长期已使用的在建工程必须在竣工验收后才能结转资产。

(二) 实际工作中的障碍

第一,现行建设管理体制和机制造成资产账物不符。由于调拨单滞后于实物资产到达、购置发票等凭证滞后于实物资产到达、工程竣工验收滞后等,"账物不符"的现象经常发生。

第二,进度款的支付与工程进度脱节。在工程建设过程中,在建工程项目普遍存在工程进度与进度款支付脱节的现象,甚至可能出现故意延迟支付工程进度款,以获得更充裕的时间进行工程考察与复核的情况。

第三,竣工财务决算编制存在滞后性。在实际工作中,一些工程拖延时间过长形成历史遗留问题,影响竣工财务决算的编制和工程结转固定资产的进度。

第四，项目建设单位财务从业人员专业能力难以适应工作需要。一方面，新政府会计制度增加了建设项目的核算难度，对财会人员的素质和专业能力提出了更高的要求；另一方面，水利项目融资模式趋向多样化，其账目核算的难度也不断增加。

第五，水利工程建设自身存在的问题。水利工程建设时间跨度大、建设周期长，容易受到资金、拆迁、征地等因素的影响，某一环节出现问题就会影响竣工决算的速度。

第六，审批时间长。水利工程投入资金大，建设过程中可能涉及多种调整、变更问题，其材料手续也较为繁杂，因此需要较长的审批时间，而这会影响转固的进度。

第三节 管理体制变化与会计核算政策的对接

为了满足新形势下全面加强政府资产负债管理、防范财政风险、促进政府财务管理水平提高和财政经济可持续发展的需要，我国政府会计核算体系经历了多次变化，然而，顶层制度的变化并不意味着实际操作能立即见效。为了解决新制度与旧制度的衔接问题，政府出台了相应的衔接规定，现列举如下。

2012年12月19日财政部颁布了《关于印发〈事业单位会计制度〉的通知》（财会〔2012〕22号），其中提及了两点，分别是"三、事业单位对基本建设投资的会计核算在执行本制度的同时，还应当按照国家有关基本建设会计核算的规定单独建账、单独核算"及1511在建工程"三、事业单位的基本建设投资应当按照国家有关规定单独建账、单独核算，同时按照本制度的规定至少按月并入本科目及其他相关科目反映。事业单位应当在本科目下设置'基建工程'明细科目，核算由基建账套并入的在建工程成本"。

2013年12月18日财政部颁布了《关于印发〈行政单位会计制度〉的通知》（财库〔2013〕218号），其中提及了两点，分别是1511在建工程的"三、行政单位的基本建设投资应当按照国家有关规定单独建账、单独核算，同时按照本制度的规定至少按月并入本科目及其他相关科目反映。

行政单位应当在本科目下设置'基建工程'明细科目，核算由基建账套并入的在建工程成本"及第三十七条"二、行政单位对基本建设投资的会计核算在执行本制度的同时，还应当按照国家有关基本建设会计核算的规定单独建账、单独核算"。

2016年4月26日公布的《基本建设财务规则》（中华人民共和国财政部令第81号）第七条规定"项目建设单位应当做好以下基本建设财务管理的基础工作：……（二）按项目单独核算，按照规定将核算情况纳入单位账簿和财务报表"。

2017年10月24日财政部《关于印发〈政府会计制度——行政事业单位会计科目和报表〉的通知》（财会〔2017〕25号）第一部分总说明第四条："单位对基本建设投资应当按照本制度规定统一进行会计核算，不再单独建账，但是应当按项目单独核算，并保证项目资料完整。"

2018年2月1日，《〈政府会计制度——行政事业单位会计科目和报表〉与〈行政单位会计制度〉有关衔接问题的处理规定》的"其他事项"规定："截至2018年12月31日尚未进行基建'并账'的单位，应当首先参照《新旧行政单位会计制度有关衔接问题的处理规定》（财库〔2013〕219号），将基建账套相关数据并入2018年12月31日原账中的相关科目余额，再按照本规定将2018年12月31日原账相关会计科目余额转入新账相应科目。"

2018年2月1日，《〈政府会计制度——行政事业单位会计科目和报表〉与〈事业单位会计制度〉有关衔接问题的处理规定》的"其他事项"规定："截至2018年12月31日尚未进行基建'并账'的单位，应当首先参照《新旧事业单位会计制度有关衔接问题的处理规定》（财会〔2013〕2号），将基建账套相关数据并入2018年12月31日原账中的相关科目余额，再按照本规定将2018年12月31日原账相关会计科目余额转入新账相应科目。"

2013—2014年行政事业单位会计制度的改革及2016年公布的《基本建设财务规则》已要求，基本建设项目单独建账核算的同时需纳入单位财务账簿和报表，有些基建核算单位尚未按改革要求将基本建设项目纳入单位财务账簿和报表。2018年新政府会计制度针对以前基建账未并账的情况出台相关衔接处理规定，要求尚未进行"基建"并账的单位按照2013—2014年制度改革并账的方法，将基建账相关科目余额并入原账中再转入新账相应科目核算。

第四节　长期已使用在建工程转固难点及对策

根据《关于印发〈政府会计准则制度解释第 2 号〉的通知》（财会〔2019〕24 号），基本建设项目应当由负责编报基本建设项目预决算的单位（即建设单位）作为会计核算主体。建设单位应当按照《政府会计制度》的规定，在相关会计科目下分项目对基本建设项目进行明细核算。基本建设项目管理涉及多个主体难以明确识别会计核算主体的，项目主管部门应当按照《基本建设财务规则》相关规定确定建设单位。

关于基本建设项目的明细科目或辅助核算的要求，单位按照《政府会计制度》对基本建设项目进行会计核算的，应当通过在有关会计科目下设置与基本建设项目相关的明细科目或增加标记，或设置基本建设项目辅助账等方式，满足基本建设项目竣工决算报表编制的需要。

一、历史遗留问题的制度对策

行政事业单位长期已使用在建工程转固定资产工作的历史遗留问题的制度对策见表 4-1。

表 4-1　长期已使用在建工程转固的历史遗留问题的制度对策

1. 项目法人变更，整体工程打包移交，资料不齐全，无法分单元或分部转固	
制度依据	《转发财政部关于加快做好行政事业单位长期已使用在建工程转固工作的通知》（粤财建〔2019〕7 号） 《政府会计准则第 5 号——公共基础设施》（财会〔2017〕11 号）
详细对策	省级基本建设项目因历史遗留问题等原因已交付使用尚未办理竣工财务决算手续，也未按照估值入账的固定资产，应在收到本通知 3 个月内办理估值入账，并尽快按规定编报竣工财务决算，待办理竣工财务决算后按实际成本调整原来的暂估价值，切实推动长期已使用在建工程转固工作。（粤财建〔2019〕7 号）

(续上表)

详细对策	第十五条 对于包括不同组成部分的公共基础设施，其只有总成本、没有单项组成部分成本的，政府会计主体可以按照各单项组成部分同类或类似资产的成本或市场价格比例对总成本进行分配，分别确定公共基础设施中各单项组成部分的成本（财会〔2017〕11号）
账务处理	按照各单项组成部分同类或类似资产的成本或市场价格比例对总成本进行分配，分别确定公共基础设施中各单项组成部分的成本，待办理竣工财务决算后按实际成本调整形成的资产明细和暂估价值
2. 未竣工验收的项目，其中部分毁损重新立项建设	
制度依据	《广东省财政厅关于印发〈广东省财政厅关于基本建设财务管理的实施办法〉及配套制度的通知》（粤财规〔2022〕2号） 《政府会计准则第5号——公共基础设施》（财会〔2017〕11号）
详细对策	项目建设单位应当做好以下基本建设财务管理的基础工作：……（二）按项目单独核算，按照规定将核算情况纳入单位账簿和财务报表。（粤财规〔2022〕2号） 　　为增加公共基础设施使用效能或延长其使用年限而发生的改建、扩建等后续支出，应当计入公共基础设施成本；为维护公共基础设施的正常使用而发生的日常维修、养护等后续支出，应当计入当期费用。 　　在原有公共基础设施基础上进行改建、扩建等建造活动后的公共基础设施，其成本按原公共基础设施账面价值加上改建、扩建等建造活动发生的支出，再扣除公共基础设施被替换部分的账面价值后的金额确定。 　　公共基础设施报废或遭受重大毁损的，政府会计主体应当在报经批准后将公共基础设施账面价值予以转销，并将报废、毁损过程中取得的残值变价收入扣除相关费用后的差额按规定做应缴款项处理（差额为净收益时）或计入当期费用（差额为净损失时）（财会〔2017〕11号）

(续上表)

账务处理	两个单独立项的项目分别作为两个基本建设项目核算，登列"在建工程"科目，原投资的已交付使用尚未办理竣工财务决算手续的，先按照估值转作公共基础设施，后立项的完成投资交付使用后再按估值转作公共基础设施，如前后两次立项的项目其中部分为同一基础设施，转公共基础设施后在原账面价值加上改建、扩建等建造活动发生的支出，再扣除公共基础设施被替换部分的账面价值后的金额确定，待办理竣工财务决算后按实际成本调整原来的暂估价值，按照重新确定的公共基础设施的成本和重新确定的折旧年限计算折旧额，不需调整原已计提的折旧额
3. 产权不清晰或者产权不属于单位的处理	
制度依据	《关于进一步做好政府会计准则制度新旧衔接和加强行政事业单位资产核算的通知》（财会〔2018〕34号） 《政府会计制度》1613 在建工程的明细科目"基建转出投资" 《政府会计准则第5号——公共基础设施》（财会〔2017〕11号）
详细对策	关于公共基础设施的记账主体。按照"谁承担管理维护职责、由谁入账"的原则确定公共基础设施的记账主体。由多个政府会计主体共同管理维护的公共基础设施，可暂按现有分管比例各自登记入账。公共基础设施的管理维护职责尚不明确的，由本级政府尽快予以明确。（财会〔2018〕34号） "基建转出投资"科目核算为建设项目配套而建成的、产权不归属本单位的专用设施的实际成本。（《政府会计制度》） 第四条 通常情况下，符合本准则第五条规定的公共基础设施，应当由按规定对其负有管理维护职责的政府会计主体予以确认。多个政府会计主体共同管理维护的公共基础设施，应当由对该资产负有主要管理维护职责或者承担后续主要支出责任的政府会计主体予以确认。分为多个组成部分由不同政府会计主体分别管理维护的公共基础设施，应当由各个政府会计主体分别对其负责管理维护的公共基础设施的相应部分予以确认。负有管理维护公共基础设施职责的政府会计主体通过政府购买服务方式委托企业或其他会计主体代为管理维护公共基础设施的，该公共基础设施应当由委托方予以确认（财会〔2017〕11号）

(续上表)

账务处理	产权不归属本单位的按照转出的专用设施成本 借：在建工程——基建转出投资 　　贷：在建工程——建筑安装工程投资 同时， 借：无偿调拨净资产 　　贷：在建工程——基建转出投资

4. 并账后，原执行国有建设会计制度核算的基建账套是否同时登账

制度依据	《广东省财政厅关于印发〈政府会计准则制度解释第2号〉的通知》（财会〔2019〕24号）
详细对策	八、关于单位基本建设会计有关问题。……（四）关于基本建设项目的明细科目或辅助核算。单位按照《政府会计制度》对基本建设项目进行会计核算的，应当通过在有关会计科目下设置与基本建设项目相关的明细科目或增加标记，或设置基本建设项目辅助账等方式，满足基本建设项目竣工决算报表编制的需要
账务处理	新制度下通过设置相关明细科目、增加标记或原基建账套作为辅助账等方式，满足基本建设项目竣工决算报表编制的需要

5. EPC（设计—采购—施工）总承包由几个单独立项的项目打包招标实施的是分开单个项目还是以整个EPC总承包合同核算

制度依据	《基本建设财务规则》（中华人民共和国财政部令第81号）
详细对策	第七条　项目建设单位应当做好以下基本建设财务管理的基础工作：……（二）按项目单独核算，按照规定将核算情况纳入单位账簿和财务报表
账务处理	按照项目单独核算的原则，一个立项作为一个项目核算，申请支付上述合同款时，注意划分属于各项目的款项分别进行财务核算

6. 涉及多个村镇的项目，投资如何分割？如中小河流治理工程、小流域综合治理工程、灌区改造工程、水土保持工程、自来水村村通工程等

（续上表）

制度依据	《广东省财政厅关于印发〈广东省财政厅关于基本建设财务管理的实施办法〉及配套制度的通知》（粤财规〔2022〕2号） 《政府会计准则第5号——公共基础设施》（财会〔2017〕11号）
详细对策	第四十四条 非经营性项目发生的江河清障疏浚、航道整治、飞播造林、退耕还林（草）、封山（沙）育林（草）、水土保持、城市绿化、毁损道路修复、护坡及清理等不能形成资产的支出，以及项目未被批准、项目取消和项目报废前已发生的支出，作为待核销基建支出处理；形成资产产权归属本单位的，计入交付使用资产价值；形成资产产权不归属本单位的，作为转出投资处理。非经营性项目发生的农村沼气工程、农村安全饮水工程、农村危房改造工程、游牧民定居工程、渔民上岸工程等涉及家庭或者个人的支出，形成资产产权归属家庭或者个人的，作为待核销基建支出处理；形成资产产权归属本单位的，计入交付使用资产价值；形成资产产权归属其他单位的，作为转出投资处理（粤财规〔2022〕2号）。 　　第四条 通常情况下，符合本准则第五条规定的公共基础设施，应当由按规定对其负有管理维护职责的政府会计主体予以确认。多个政府会计主体共同管理维护的公共基础设施，应当由对该资产负有主要管理维护职责或者承担后续主要支出责任的政府会计主体予以确认。分为多个组成部分由不同政府会计主体分别管理维护的公共基础设施，应当由各个政府会计主体分别对其负责管理维护的公共基础设施的相应部分予以确认。负有管理维护公共基础设施职责的政府会计主体通过政府购买服务方式委托企业或其他会计主体代为管理维护公共基础设施的，该公共基础设施应当由委托方予以确认（财会〔2017〕11号）
账务处理	对其公共基础设施负有管理维护职责的政府会计主体予以确认。 　　不能形成资产的支出作为待核销基建支出处理；形成资产产权归属本单位的，计入交付使用资产价值；形成资产产权不归属本单位的，作为转出投资处理

二、"公共基础设施""固定资产"应用指引

转为"公共基础设施"或"固定资产"的资产分类与名称,应与广东省财政厅行政事业单位资产管理信息系统保持一致。公共基础设施和固定资产类别及折旧年限见表4-2、表4-3。

表4-2 公共基础设施类别及折旧年限

公共基础设施类别	内容	折旧年限(年)
城市基础设施1	市政道路设施(明细略)	《政府会计准则第5号——公共基础设施》(财会〔2017〕11号)第十七条 政府会计主体应当根据公共基础设施的性质和使用情况,合理确定公共基础设施的折旧年限。政府会计主体确定公共基础设施折旧年限,应当考虑下列因素:(一)设计使用年限或设计基准期;(二)预计实现服务潜力或提供经济利益的期限;(三)预计有形损耗和无形损耗;
城市基础设施1	桥梁	
城市基础设施1	隧道	
城市基础设施1	公共汽车停车站点	
城市基础设施1	公共停车场	
城市基础设施1	其他	
城市基础设施1	城市轨道交通设施	
城市基础设施2	城市排水与污水处理设施(明细略)	
城市基础设施2	城市公共供水设施(明细略)	
城市基础设施2	城市环卫设施	
城市基础设施2	城市道路照明设施	
城市基础设施2	公园绿地	
城市基础设施2	公共文化体育设施	
城市基础设施2	广场	
城市基础设施2	供电系统	
城市基础设施2	供气系统	
城市基础设施2	供热系统	
城市基础设施2	垃圾处理系统	

（续上表）

公共基础设施类别	内容		折旧年限（年）
城市基础设施2	等级公路	等外公路	（四）法律或者类似规定对资产使用的限制。公共基础设施的折旧年限一经确定，不得随意变更，但符合本准则第二十条规定的除外。对于政府会计主体接受无偿调入、捐赠的公共基础设施，应当考虑该项资产的新旧程度，按照其尚可使用的年限计提折旧
城市基础设施2	等级公路	公路运输场站	
城市基础设施2	铁路	铁路车站	
公路、铁路	运输机场（明细略）		
公路、铁路	通用航空机场		
公路、铁路	等级航道（明细略）		
机场	等外航道		
机场	航道通航建筑物、整治建筑物		
航道	沿海港口	码头泊位	
航道	沿海港口	仓库、堆场	
航道	沿海港口	其他港务设施	
港口、水库	内海港口	码头泊位	
港口、水库	内海港口	仓库、堆场	
港口、水库	内海港口	其他港务设施	
港口、水库	水库（渠）	大型水库	
港口、水库	水库（渠）	中型水库	
港口、水库	水库（渠）	小型水库	
港口、水库	水库（渠）	大型灌渠骨干灌排工程体系	
港口、水库	水库（渠）	渠道	
港口、水库	水库（渠）	大坝	
港口、水库	水库（渠）	堤防	
港口、水库	水库（渠）	水闸	
港口、水库	水库（渠）	其他	
其他公共基础设施			

注：公共基础设施类别、内容来源于广东省财政厅行政事业单位资产管理信息系统。

表4-3 政府固定资产折旧年限

固定资产类别	内容		折旧年限（年）
房屋及构筑物	业务及管理用房	钢结构	不低于50
		钢筋混凝土结构	不低于50
		砖混结构	不低于30
		砖木结构	不低于30
	简易房		不低于8
	房屋附属设施		不低于8
	构筑物		不低于8
通用设备	计算机设备		不低于6
	办公设备		不低于6
	车辆		不低于8
	图书档案设备		不低于5
	机械设备		不低于10
	电气设备		不低于5
	雷达、无线电和卫星导航设备		不低于10
	通信设备		不低于5
	广播、电视、电影设备		不低于5
	仪器仪表		不低于5
	电子和通信测量设备		不低于5
	计量标准器具及量具、衡器		不低于5
专用设备	探矿、采矿、选矿和造块设备		10～15
	石油天然气开采专用设备		10～15
	石油和化学工业专用设备		10～15
	炼焦和金属冶炼轧制设备		10～15
	电力工业专用设备		20～30
	非金属矿物制品工业专用设备		10～20
	核工业专用设备		20～30
	航空航天工业专用设备		20～30

（续上表）

固定资产类别	内容	折旧年限（年）
专用设备	工程机械	10～15
	农业和林业机械	10～15
	木材采集和加工设备	10～15
	食品加工专用设备	10～15
	饮料加工设备	10～15
	烟草加工设备	10～15
	粮油作物和饲料加工设备	10～15
	纺织设备	10～15
	缝纫、服饰、制革和毛皮加工设备	10～15
	造纸和印刷机械	10～20
	化学药品和中药专用设备	5～10
	医疗设备	5～10
	电工、电子专用生产设备	5～10
	安全生产设备	10～20
	邮政专用设备	10～15
	环境污染防治设备	10～20
	公安专用设备	3～10
	水工机械	10～20
	殡葬设备及用品	5～10
	铁路运输设备	10～20
	水上交通运输设备	10～20
	航空器及其配套设备	10～20
	专用仪器仪表	5～10
	文艺设备	5～15
	体育设备	5～15
	娱乐设备	5～15
家具、用具及装具	家具	不低于15
	用具、装具	不低于5

资料来源：《政府会计准则第3号——固定资产》应用指南。

根据《关于进一步做好政府会计准则制度新旧衔接和加强行政事业单位资产核算的通知》（财会〔2018〕34号）关于公共基础设施分类，单位应当在对公共基础设施进行分级分类的基础上，按照合适的计量单元将存量公共基础设施分门别类登记入账。国务院有关行业主管部门对公共基础设施已规定分级分类标准的，从其规定；尚无明确规定的，单位在公共基础设施首次入账时可按照现行管理实务进行分级分类，待统一分类规定出台后再行调整。

单位对公共基础设施至少应当按照市政基础设施、交通基础设施、水利基础设施和其他公共基础设施四个类别进行明细核算，其他明细核算应当遵循政府会计准则制度，并满足编制行政事业性国有资产报告的需要。

（一）"公共基础设施""固定资产"的确认

1. 公共基础设施

公共基础设施是指政府会计主体为满足社会公共需求而控制的，同时具有以下特征的有形资产：①是一个有形资产系统或网络的组成部分；②具有特定用途；③一般不可移动。

公共基础设施主要包括市政基础设施（如城市道路、桥梁、隧道、公交场站、路灯、广场、公园绿地、室外公共健身器材，以及环卫、排水、供水、供电、供气、供热、污水处理、垃圾处理系统等）、交通基础设施（如公路、航道、港口等）、水利基础设施（如大坝、堤防、水闸、泵站、渠道等）和其他公共基础设施。

下列各项适用于其他相关政府会计准则：

（1）独立于公共基础设施、不构成公共基础设施使用不可缺少组成部分的管理维护用房屋建筑物、设备、车辆等，适用《政府会计准则第3号——固定资产》。

（2）属于文物文化资产的公共基础设施，适用其他相关政府会计准则。

（3）采用政府和社会资本合作模式（即PPP模式）形成的公共基础设施的确认和初始计量，适用其他相关政府会计准则。

公共基础设施应当由按规定对其负有管理维护职责的政府会计主体予以确认：

（1）多个政府会计主体共同管理维护的公共基础设施，应当由对该资产负有主要管理维护职责或者承担后续主要支出责任的政府会计主体予以确认。

（2）分为多个组成部分由不同政府会计主体分别管理维护的公共基础设施，应当由各个政府会计主体分别对其负责管理维护的公共基础设施的相应部分予以确认。

（3）负有管理维护公共基础设施职责的政府会计主体通过政府购买服务的方式委托企业或其他会计主体代为管理维护公共基础设施的，该公共基础设施应当由委托方予以确认。

公共基础设施同时满足下列条件的，应当予以确认：

（1）与该公共基础设施相关的服务潜力很可能实现或者经济利益很可能流入政府会计主体。

（2）该公共基础设施的成本或者价值能够可靠地计量。

对于自建或外购的公共基础设施，政府会计主体应当在该项公共基础设施验收合格并交付使用时确认；对于无偿调入、接受捐赠的公共基础设施，政府会计主体应当在开始承担该项公共基础设施管理维护职责时确认。

2. 固定资产

固定资产是指政府会计主体为满足自身开展业务活动或其他活动需要而控制的，使用年限超过1年（不含1年）、单位价值在规定标准以上，并在使用过程中基本保持原有物质形态的资产，一般包括房屋及构筑物、专用设备、通用设备等。

单位价值虽未达到规定标准，但是使用年限超过1年（不含1年）的大批同类物资，如图书、家具、用具、装具等，应当确认为固定资产。

公共基础设施、政府储备物资、保障性住房、自然资源资产等，适用其他相关政府会计准则。

固定资产同时满足下列条件的，应当予以确认：

（1）与该固定资产相关的服务潜力很可能实现或者经济利益很可能流入政府会计主体。

（2）该固定资产的成本或者价值能够可靠地计量。

购入、换入、接受捐赠、无偿调入不需安装的固定资产，在固定资产验收合格时确认；购入、换入、接受捐赠、无偿调入需要安装的固定资产，在固定资产安装完成交付使用时确认；自行建造、改建、扩建的固定资产，在建造完成交付使用时确认。

(二)"公共基础设施""固定资产"的初始计量

1. 公共基础设施在下列情况下取得时应当按照成本进行初始计量

政府会计主体自行建造的公共基础设施，其成本包括完成批准的建设内容所发生的全部必要支出，包括建筑安装工程投资支出、设备投资支出、待摊投资支出和其他投资支出。

在原有公共基础设施基础上进行改建、扩建等建造活动后的公共基础设施，其成本按照原公共基础设施账面价值加上改建、扩建等建造活动发生的支出，再扣除公共基础设施被替换部分的账面价值后的金额确定。为建造公共基础设施借入的专门借款的利息，属于建设期间发生的，计入该公共基础设施在建工程成本；不属于建设期间发生的，计入当期费用。

已交付使用但尚未办理竣工决算手续的公共基础设施，应当按照估计价值入账，待办理竣工决算后再按照实际成本调整原来的暂估价值。

政府会计主体接受其他会计主体无偿调入的公共基础设施，其成本按照该项公共基础设施在调出方的账面价值加上归属于调入方的相关费用确定。

政府会计主体接受捐赠的公共基础设施，其成本按照有关凭据注明的金额加上相关费用确定；没有相关凭据可供取得，但按规定经过资产评估的，其成本按照评估价值加上相关费用确定；没有相关凭据可供取得，也未经资产评估的，其成本比照同类或类似资产的市场价格加上相关费用确定。如受赠的系旧的公共基础设施，在确定其初始入账成本时应当考虑该项资产的新旧程度。

政府会计主体外购的公共基础设施，其成本包括购买价款、相关税费以及公共基础设施交付使用前所发生的可归属于该项资产的运输费、装卸费、安装费和专业人员服务费等。

对于应当确认为公共基础设施但已确认为固定资产的资产，政府会计主体应当将该资产按其账面价值重新分类为公共基础设施。

对于应当确认但尚未入账的存量公共基础设施，政府会计主体应当按照以下原则确定其初始入账成本：①可以取得相关原始凭据的，其成本按照有关原始凭据注明的金额减去应计提的累计折旧后的金额确定；②没有相关凭据可供取得，但按规定经过资产评估的，其成本按照评估价值确定；③没有相关凭据可供取得，也未经资产评估的，其成本按照重置成本确定。

根据《关于进一步做好政府会计准则制度新旧衔接和加强行政事业单位资产核算的通知》（财会〔2018〕34号）关于存量公共基础设施的入账成本，单位在确定存量公共基础设施的初始购建成本时，应当以与存量公共基础设施购建及交付使用有关的原始凭证为依据，包括项目竣工财务决算资料、项目移交资料、项目投资预算、项目投资概算及建设成本资料等。单位无法取得与存量公共基础设施初始购建有关的原始凭证的，应当在财务报表附注中对无法取得原始凭证的事实及理由予以披露。

2. 固定资产在下列情况下取得时应当按照成本进行初始计量

政府会计主体外购的固定资产，其成本包括购买价款、相关税费以及固定资产交付使用前所发生的可归属于该项资产的运输费、装卸费、安装费和专业人员服务费等。

以一笔款项购入多项没有单独标价的固定资产，应当按照各项固定资产同类或类似资产市场价格的比例对总成本进行分配，分别确定各项固定资产的成本。

政府会计主体自行建造的固定资产，其成本包括该项资产至交付使用前所发生的全部必要支出。在原有固定资产基础上进行改建、扩建、修缮后的固定资产，其成本按照原固定资产账面价值加上改建、扩建、修缮发生的支出，再扣除固定资产被替换部分的账面价值后的金额确定。为建造固定资产借入的专门借款的利息，属于建设期间发生的，计入在建工程成本；不属于建设期间发生的，计入当期费用。

已交付使用但尚未办理竣工决算手续的固定资产，应当按照估计价值入账，待办理竣工决算后再按实际成本调整原来的暂估价值。

政府会计主体通过置换取得的固定资产，其成本按照换出资产的评估价值加上支付的补价或减去收到的补价，加上换入固定资产发生的其他相关支出确定。

政府会计主体接受捐赠的固定资产，其成本按照有关凭据注明的金额加上相关税费、运输费等确定；没有相关凭据可供取得，但按规定经过资产评估的，其成本按照评估价值加上相关税费、运输费等确定；没有相关凭据可供取得，也未经资产评估的，其成本比照同类或类似资产的市场价格加上相关税费、运输费等确定；没有相关凭据且未经资产评估、同类或类似资产的市场价格也无法可靠取得的，按照名义金额入账，相关税费、运输费等计入当期费用。如受赠的系旧的固定资产，在确定其初始入账成本时应当考虑该项资产的新旧程度。

政府会计主体无偿调入的固定资产，其成本按照调出方账面价值加上相关税费、运输费等确定。

政府会计主体盘盈的固定资产，按规定经过资产评估的，其成本按照评估价值确定；未经资产评估的，其成本按照重置成本确定。

政府会计主体融资租赁取得的固定资产，其成本按照其他相关政府会计准则确定。

（三）"公共基础设施""固定资产"的后续支出

1. 公共基础设施

通常情况下，为提高公共基础设施使用效能或延长其使用年限而发生的改建、扩建等后续支出，应当计入公共基础设施成本；为维护公共基础设施的正常使用而发生的日常维修、养护等后续支出，应当计入当期费用。

公共基础设施报废或遭受重大毁损的，政府会计主体应当在报经批准后将公共基础设施账面价值予以转销，并将报废、毁损过程中取得的残值变价收入扣除相关费用后的差额按规定做应缴款项处理（差额为净收益时）或计入当期费用（差额为净损失时）。

2. 固定资产

固定资产在使用过程中发生的后续支出，符合确认条件的，应当计入固定资产成本；不符合确认条件的，应当在发生时计入当期费用或者相关资产成本。将发生的固定资产后续支出计入固定资产成本的，应当同时从固定资产账面价值中扣除被替换部分的账面价值。

三、转固业务账务处理流程

(一) 转固前基建账未并"大账"的,先并"大账"处理

1. 已完工程基建账并"大账"前先完结基建账套

竣工验收已交付使用的基本建设项目,并账前先完结基建账套,将已完成的基建投资成本转入待核销基建支出、转出投资、交付使用资产等科目。如已完工验收、交付使用、长期无发生额的项目。

(1) "待核销基建支出"科目核算非经营性项目发生的江河清障、航道清淤、飞播造林、补助群众造林、水土保持、城市绿化、取消项目的可行性研究费以及项目报废等不能形成资产部分的投资支出。形成资产部分的上述投资支出,不在本科目核算,应在"建筑安装工程投资"等科目核算。财务处理如下:

	业务和事项内容	财务处理
待核销基建支出	取消项目发生的可行性研究费	借:待核销基建支出——取消项目可行性研究费 贷:待摊投资——可行性研究费
	由于自然灾害等原因发生的项目整体报废所造成的净损失,报经批准后	借:待核销基建支出——×××工程报废 贷:建筑安装工程投资
	非经营性项目发生的江河清障、水土保持等其他支出	借:待核销基建支出——江河清障等 贷:待摊投资/其他投资
	下年初,本科目余额全数冲销"基建拨款"科目	借:基建拨款——以前年度拨款(明细) 贷:待核销基建支出——(明细)

(2) "转出投资"科目核算非经营性项目为项目配套而建成的产权不归属本单位的专用设施的实际成本。财务处理如下:

	业务和事项内容	财务处理
转出投资	非经营性项目建造的产权不归属本单位的专用设施	借：转出投资 　贷：建筑安装工程投资——×××工程
	下年初，本科目余额全数冲销"基建拨款"科目	借：基建拨款——以前年度拨款（明细） 　贷：转出投资

（3）"交付使用资产"科目核算建设单位已完成购置、建造过程，并已交付或结转给生产、使用单位的各项资产，包括固定资产，为生产准备的不够固定资产标准的工具、器具、家具等流动资产，以及无形资产和递延资产的实际成本。建设单位用基建投资购建的在建设期间自用的固定资产，也通过"交付使用资产"科目核算。

交付使用资产的成本，包括建筑成本、安装成本、设备采购成本和应分摊的待摊投资，属于待核销基建支出、转出投资的投资支出除外。运输设备及其他不需要安装设备、工具、器具、家具等固定资产、流动资产、无形资产和递延资产的成本，不分摊待摊投资。财务处理如下：

	业务和事项内容	财务处理
交付使用资产	建设项目已竣工验收，办理交接手续的交付使用资产	借：交付使用资产——（明细） 　贷：建筑安装工程投资——（明细） 　　　设备投资——（明细） 　　　其他投资——（明细） 　　　待摊投资——（明细）
		同时，有投资借款的单位，还应按投资借款额 借：应收生产单位投资借款 　贷：待冲基建支出
	年初建立新账时，将交付使用资产上年末余额与其相对应的基建拨款冲转	借：基建拨款——（明细） 　贷：交付使用资产——（明细）
		同时，有投资借款的单位，冲转用投资借款形成的交付使用资产 借：待冲基建支出 　贷：交付使用资产——（明细）

注：分摊待摊投资方法参照第二章第五节内容。

2. 基建账并入原账处理

根据《财政部关于印发〈政府会计制度——行政事业单位会计科目和报表〉与〈行政单位会计制度〉〈事业单位会计制度〉有关衔接问题处理规定的通知》（财会〔2018〕3号）的要求，截至2018年12月31日尚未进行基建"并账"的单位，应当首先参照《新旧行政单位会计制度有关衔接问题的处理规定》（财库〔2013〕219号）、《新旧事业单位会计制度有关衔接问题的处理规定》（财会〔2013〕2号），将基建账套相关数据并入2018年12月31日原账中的相关科目余额，再按照本规定将2018年12月31日原账相关会计科目余额转入新账相应科目。以下分别为行政单位和事业单位基建账套并入原账中的方法。

（1）《新旧行政单位会计制度有关衔接问题的处理规定》（财库〔2013〕219号）行政单位基建账套并账要求。行政单位应当在按国家有关规定单独核算基本建设投资的同时，将基建账相关数据并入单位按照新制度规定设置的会计账（以下简称"大账"）。新制度设置了"在建工程"科目，行政单位应当在"在建工程"科目下设置"基建工程"明细科目，核算由基建账并入的在建工程成本。

第一，将基建账中相关科目余额按照以下方法并入"大账"。

第一类：资产类。

①按照基建账中"现金""银行存款""零余额账户用款额度""财政应返还额度"科目借方余额，分别借记"大账"中"库存现金""银行存款""零余额账户用款额度""财政应返还额度"科目。（注：基建账和"大账"同名会计科目用［大账］和［基建账］单独标出）分录如下：

借：库存现金
　　银行存款［大账］
　　零余额账户用款额度［大账］
　　财政应返还额度［大账］
贷：现金
　　银行存款［基建账］
　　零余额账户用款额度［基建账］
　　财政应返还额度［基建账］

②按照基建账中"应收有偿调出器材及工程款""应收票据"科目借方余额，借记"大账"中"应收账款"科目。分录如下：

借：应收账款

　　贷：应收有偿调出器材及工程款/应收票据

③按照基建账中"其他应收款""拨付所属投资借款""有价证券"科目借方余额，借记"大账"中"其他应收款"科目。分录如下：

借：其他应收款［大账］

　　贷：其他应收款［基建账］/拨付所属投资借款/有价证券

④按照基建账中"固定资产"科目借方余额，借记"大账"中"固定资产"科目。分录如下：

借：固定资产［大账］

　　贷：固定资产［基建账］

⑤按照基建账中"累计折旧"科目贷方余额，贷记"大账"中"累计折旧"科目。分录如下：

借：累计折旧［基建账］

　　贷：累计折旧［大账］

⑥按照基建账中"建筑安装工程投资""设备投资""待摊投资""其他投资""器材采购""采购保管费""库存设备""库存材料""材料成本差异""委托加工器材""预付备料款""预付工程款"科目借方余额，借记"大账"中"在建工程——基建工程"。分录如下：

借：在建工程——基建工程

　　贷：建筑安装工程投资/设备投资/待摊投资/其他投资/器材采购/采购保管费/库存设备/库存材料/材料成本差异/委托加工器材/预付备料款/预付工程款

⑦按照基建账中"固定资产清理""待处理财产损失"科目借方余额，借记"大账"中"待处理财产损溢"科目。分录如下：

借：待处理财产损溢

　　贷：固定资产清理/待处理财产损失

第二类：负债类。

⑧按照基建账中"应交基建包干节余""应交基建收入""其他应交款"科目贷方余额中属于应交财政部分，贷记"大账"中"应缴财政款"科目；其余部分贷记"大账"中"其他应付款"科目。分录如下：

借：应交基建包干节余/应交基建收入/其他应交款

　　贷：应缴财政款（属于应交财政部分）

其他应付款（其余部分）

⑨按照基建账中"应交税金"科目贷方余额，贷记"大账"中"应缴税费"科目。分录如下：

借：应交税金

　　贷：应缴税费

⑩按照基建账中"应付工资""应付福利费"科目贷方余额，贷记"大账"中"应付职工薪酬"科目。分录如下：

借：应付工资/应付福利费

　　贷：应付职工薪酬

⑪按照基建账中"应付器材款""应付有偿调入器材及工程款""应付票据"科目贷方余额，以及"应付工程款"科目贷方余额中属于1年以内（含1年）偿还的部分，贷记"大账"中"应付账款"科目。分录如下：

借：应付器材款/应付有偿调入器材及工程款/应付票据/应付工程款［属于1年以内（含1年）偿还的部分］

　　贷：应付账款

⑫按照基建账中"其他应付款"科目贷方余额，贷记"大账"中"其他应付款"科目。分录如下：

借：其他应付款［基建账］

　　贷：其他应付款［大账］

⑬按照基建账中"基建投资借款""上级拨入投资借款""其他借款"科目贷方余额和"应付工程款"科目贷方余额中属于超过1年偿还的部分，贷记"大账"中"长期应付款"科目。分录如下：

借：基建投资借款/上级拨入投资借款/其他借款/应付工程款（属于超过1年偿还的部分）

　　贷：长期应付款

第三类：净资产类。

⑭按照基建账中"应付器材款""应付工程款""应付有偿调入器材及工程款""应付票据""基建投资借款""其他借款""上级拨入投资借款"科目贷方余额减去尚未使用的借款金额（实行贷转存办法）后的差额，借记"大账"中"待偿债净资产"科目。分录如下：

借：待偿债净资产

贷：应付器材款/应付工程款/应付有偿调入器材及工程款/应付票据/基建投资借款/其他借款/上级拨入投资借款

⑮按照基建账中"固定资产"科目借方余额和"累计折旧"科目贷方余额的差额，贷记"大账"中"资产基金——固定资产"科目。分录如下：

借：累计折旧
　　贷：固定资产
　　　　资产基金——固定资产

⑯按照基建账中"建筑安装工程投资""设备投资""待摊投资""其他投资""器材采购""采购保管费""库存设备""库存材料""材料成本差异""委托加工器材""预付备料款""预付工程款"科目借方余额，贷记"大账"中"资产基金——在建工程"科目。分录如下：

借：建筑安装工程投资/设备投资/待摊投资/其他投资/器材采购/采购保管费/库存设备/库存材料/材料成本差异/委托加工器材/预付备料款/预付工程款
　　贷：资产基金——在建工程

⑰按照基建账中"基建拨款""留成收入"科目余额中归属于同级财政拨款结转的部分，贷记"大账"中"财政拨款结转"科目。分录如下：

借：基建拨款/留成收入
　　贷：财政拨款结转

⑱按照基建账中"留成收入"科目余额中归属于同级财政拨款结余的部分，贷记"大账"中"财政拨款结余"科目。分录如下：

借：留成收入
　　贷：财政拨款结余（归属同级财政拨款结余的部分）

按照上述①～⑱中"大账"科目的借方合计金额减去贷方合计金额后的差额，贷记或借记"大账"中"其他资金结转结余"科目。

第二，行政单位执行新制度后，应当至少按月将基建账中相关科目的发生额按照以下方法并入"大账"。

第一类：资产、负债、净资产类。

根据"大账"科目和基建账科目的对应关系，按照基建账中相关科目本期发生额的借方净额，借记"大账"中的对应科目；按照基建账中相关科目本期发生额的贷方净额，贷记"大账"中的对应科目。分录如下：

①资产类：

借：库存现金
　　贷：现金
借：银行存款［大账］
　　贷：银行存款［基建账］
借：零余额账户用款额度［大账］
　　贷：零余额账户用款额度［基建账］
借：财政应返还额度［大账］
　　贷：财政应返还额度［基建账］
借：应收账款
　　贷：应收有偿调出器材及工程款
　　　　应收票据
借：其他应收款［大账］
　　贷：其他应收款［基建账］
　　　　拨付所属投资借款
　　　　有价证券
借：固定资产［大账］
　　贷：固定资产［基建账］
借：累计折旧［大账］
　　贷：累计折旧［基建账］
借：在建工程
　　贷：建筑安装工程投资/设备投资/待摊投资/其他投资/器材采购/采购保管费/库存设备/库存材料/材料成本差异/委托加工器材/预付备料款/预付工程款
借：待处理财产损溢
　　贷：固定资产清理
　　　　待处理财产损失

②负债类：

借：应交基建包干节余（应交财政部分）
　　　应交基建收入（应交财政部分）
　　　其他应交款（应交财政部分）
　　贷：应缴财政款

借：应交税金
　　贷：应缴税费
借：应付工资
　　　应付福利费
　　贷：应付职工薪酬
借：应付器材款
　　　应付工程款（1年以内偿还的）
　　　应付有偿调入器材及工程款
　　　应付票据
　　贷：应付账款
借：其他应付款［基建账］
　　　其他应交款（非应交财政部分）
　　贷：其他应付款［大账］
借：应付工程款（超过1年偿还的）
　　　基建投资借款
　　　上级拨入投资借款
　　　其他借款
　　贷：长期应付款

③净资产类：

借：基建拨款（贷方余额中归属于同级财政拨款结转的资金）
　　　基建拨款（本期借方发生额中属于交回同级财政的结余资金）
　　　留成收入（属于同级财政拨款形成的部分）
　　贷：财政拨款结转
借：基建拨款（本期借方发生额中属于交回同级财政的结余资金）
　　　留成收入（属于同级财政拨款形成的部分）
　　贷：财政拨款结余
借：基建拨款（本期借方发生额中属于交回的非同级财政结余资金）
　　　留成收入（属于非同级财政拨款形成的部分）
　　贷：其他资金结转结余

对于当期发生基本建设结余资金交回业务的，根据基建账中"基建拨款"科目本期借方发生额中归属于同级财政拨款的部分，借记"大账"中"财政拨款结转"或"财政拨款结余"科目；其余部分，借记"大账"中

"其他资金结转结余"科目。分录如下:

  借:财政拨款结转/财政拨款结余
    贷:基建拨款(本期借方发生额中属于同级财政拨款的部分)
  借:其他资金结转结余
    贷:基建拨款(除本期借方发生额中属于同级财政拨款的部分)

第二类:收入、支出类。

按照基建账中"基建拨款"科目本期贷方发生额中归属于同级财政拨款的部分,贷记"大账"中"财政拨款收入"科目;其余部分,贷记"大账"中"其他收入"科目。分录如下:

  借:基建拨款(本期贷方发生额中属于同级财政拨款的部分)
    贷:财政拨款收入
  借:基建拨款(除本期贷方发生额中归属于同级财政拨款的部分)
    贷:其他收入

按照基建账中"上级拨入资金"科目本期贷方发生额,贷记"大账"中"其他收入"科目。分录如下:

  借:上级拨入资金
    贷:其他收入

根据新制度规定的支出确认原则,对基建账中相关科目本期发生额进行分析计算,按照计算出的数额,借记"大账"中"经费支出"科目。

行政单位如有从"大账"中"经费支出"科目列支转入基建账的资金,还应当在并账后将已列支金额部分予以冲销,借记"其他收入"科目,贷记"经费支出"科目。分录如下:

  借:其他收入
    贷:经费支出

如果行政单位已在"大账"中核算基建资金收支的,不再按照本规定进行基建资金收支的并账处理。

行政单位"大账"和基建账会计科目对照见表4-4。

表 4-4 行政单位"大账"和基建账会计科目对照

"大账"科目		基建账科目	
编号	名称	编号	名称
一、资产类			
1001	库存现金	233	现金
1002	银行存款	232	银行存款
1011	零余额账户用款额度	234	零余额账户用款额度
1021	财政应返还额度	235	财政应返还额度
1212	应收账款	251	应收有偿调出器材及工程款
		253	应收票据
1215	其他应收款	252	其他应收款
		261	拨付所属投资借款
		281	有价证券
1501	固定资产	201	固定资产
1502	累计折旧	202	累计折旧
1511	在建工程	101	建筑安装工程投资
		102	设备投资
		103	待摊投资
		104	其他投资
		211	器材采购
		212	采购保管费
		213	库存设备
		214	库存材料
		218	材料成本差异
		219	委托加工器材
		241	预付备料款
		242	预付工程款
1701	待处理财产损溢	203	固定资产清理
		271	待处理财产损失

（续上表）

"大账"科目		基建账科目	
编号	名称	编号	名称
二、负债类			
2001	应缴财政款	362	应交基建包干节余（应交财政部分）
		363	应交基建收入（应交财政部分）
		364	其他应交款（应交财政部分）
2101	应缴税费	361	应交税金
2201	应付职工薪酬	341	应付工资
		342	应付福利费
2301	应付账款	331	应付器材款
		332	应付工程款（1年以内偿还的）
		351	应付有偿调入器材及工程款
		353	应付票据
2305	其他应付款	352	其他应付款
		364	其他应交款（非应交财政部分）
2401	长期应付款	332	应付工程款（超过1年偿还的）
		304	基建投资借款
		305	上级拨入投资借款
		306	其他借款
三、净资产类			
3001	财政拨款结转	301	基建拨款（贷方余额中归属于同级财政拨款结转的资金）
		301	基建拨款（本期借方发生额中属于交回同级财政的结余资金）
		401	留成收入（属于同级财政拨款形成的部分）

(续上表)

"大账"科目		基建账科目	
编号	名称	编号	名称
3002	财政拨款结余	301	基建拨款（本期借方发生额中属于交回同级财政的结余资金）
		401	留成收入（属于同级财政拨款形成的部分）
3101	其他资金结转结余	301	基建拨款（本期借方发生额中属于交回的非同级财政结余资金）
		401	留成收入（属于非同级财政拨款形成的部分）
3501 350121 350131	资产基金 固定资产 在建工程		根据相关科目分析计算
3502	待偿债净资产		根据相关科目分析计算
四、收入类			
4001	财政拨款收入	301	基建拨款（本期贷方发生额中属于同级财政拨款的部分）
4011	其他收入	301	基建拨款（本期贷方发生额中属于非同级财政拨款的部分）
		321	上级拨入资金
五、支出类			
5001	经费支出		根据相关科目分析计算

（2）《新旧事业单位会计制度有关衔接问题的处理规定》（财会〔2013〕2号）事业单位基建账套并账要求。事业单位应当按照《事业单位会计制度》（财会〔2012〕22号）的要求，在按国家有关规定单独核算基本建设投资的同时，将基建账相关数据并入单位会计"大账"。《事业单

位会计制度》设置了"在建工程"科目,该科目为新设科目。事业单位应当在"大账"中"在建工程"科目下设置"基建工程"明细科目,核算由基建账并入的在建工程成本。

将2012年12月31日原基建账中相关科目余额并入"大账"时:按照基建账中"建筑安装工程投资""设备投资""待摊投资""预付工程款"等科目余额,借记"大账"中"在建工程——基建工程"科目;按照基建账中"交付使用资产"等科目余额,借记"大账"中"固定资产"等科目;按照基建账中"基建投资借款"科目余额,贷记"大账"中"长期借款"科目;按照基建账中"建筑安装工程投资""设备投资""待摊投资""预付工程款""交付使用资产"等科目余额,贷记"大账"中"非流动资产基金"科目的相关明细科目;按照基建账中"基建拨款"科目余额中归属于财政补助结转的部分,贷记"大账"中"财政补助结转"科目;按照基建账中其他科目余额,分析调整"大账"中相应科目;按照上述借贷方差额,贷记或借记"大账"中"事业基金"科目。

①按照基建账中"建筑安装工程投资""设备投资""待摊投资""预付工程款"等科目余额,借记"大账"中"在建工程——基建工程"科目。分录如下:

借:在建工程——基建工程
　　贷:建筑安装工程投资
　　　　设备投资
　　　　待摊投资
　　　　预付工程款

②按照基建账中"交付使用资产"等科目余额,借记"大账"中"固定资产"等科目。分录如下:

借:固定资产
　　贷:交付使用资产

③按照基建账中"基建投资借款"科目余额,贷记"大账"中"长期借款"科目。分录如下:

借:基建投资借款
　　贷:长期借款

④按照基建账中"建筑安装工程投资""设备投资""待摊投资""预付工程款""交付使用资产"等科目余额,贷记"大账"中"非流动资产

基金"科目的相关明细科目。分录如下：

借：建筑安装工程投资
　　设备投资
　　待摊投资
　　预付工程款
　　交付使用资产
　贷：非流动资产基金——长期投资
　　　　　　　　　　——在建工程
　　　　　　　　　　——固定资产

⑤按照基建账中"基建拨款"科目余额中归属于财政补助结转的部分，贷记"大账"中"财政补助结转"科目。分录如下：

借：基建拨款（归属于财政补助结转的部分）
　贷：财政补助结转

⑥按照基建账中其他科目余额，分析调整"大账"中相应科目。

⑦按照上述借贷方差额，贷记或借记"大账"中"事业基金"科目。

事业单位执行《事业单位会计制度》后，应当至少按月根据基建账中相关科目的发生额，在"大账"中按照新制度对基建相关业务进行会计处理。

3. 原账并入新政府会计制度新账

根据《财政部关于印发〈政府会计制度——行政事业单位会计科目和报表〉与〈行政单位会计制度〉〈事业单位会计制度〉有关衔接问题处理规定的通知》（财会〔2018〕3号）的要求，将原账相关会计科目余额转入新账相应科目。具体参照本书第二章第二节"三、新旧会计核算制度衔接"内容。

（二）已并"大账"的转固处理

已并"大账"的转固分为两种情况：第一种是形成资产的转固，第二种是未形成资产的转固。以下分类处理意见均建立在已并行政账的前提下进行。

1. 形成资产的转固

（1）产权归属本单位。按照实际成本支出形成的资产明细转入"公共基础设施""固定资产""无形资产"等科目,可单独作为资产的,以资产、设备名称直接转入;不可单独、需分摊待摊投资的,以形成的项目主体、资产价值,加上分别按比例分摊的费用类支出,转入"公共基础设施""固定资产"等科目,待办理竣工决算后再按实际成本调整原来的暂估价值。财务处理如下:

业务和事项内容		财务处理	
		财务会计	预算会计
建筑安装工程投资		借:公共基础设施/固定资产等 　贷:在建工程——建筑安装工程投资	
设备投资	独立于公共基础设施、不构成公共基础设施使用不可缺少组成部分的管理维护用房屋建筑物、设备、车辆等,不需要安装设备和达不到固定资产标准的工具、器具	借:固定资产/库存物品等 　贷:在建工程——设备投资	
待摊投资	按照分配方法进行待摊投资分配	借:在建工程——建筑安装工程投资 　贷:在建工程——待摊投资 借:公共基础设施/固定资产等 　贷:在建工程——建筑安装工程投资	
其他投资		借:固定资产/无形资产/库存物品等 　贷:在建工程——其他投资	

(2)产权不归属本单位。为建设项目配套而建成的、产权不归属单位

的专用设施，按照转出的专用设施的成本，借记"在建工程——基建转出投资"科目，贷记"在建工程——建筑安装工程投资"科目；同时，借记"无偿调拨净资产"科目，贷记"在建工程——基建转出投资"科目。财务处理如下：

业务和事项内容		财务处理	
		财务会计	预算会计
基建转出投资	建造的产权不归属本单位的专用设施转出时	借：在建工程——基建转出投资 　贷：在建工程——建筑安装工程投资	
	冲销转出的在建工程	借：无偿调拨净资产 　贷：在建工程——基建转出投资	

2. 不能形成资产的待核销基建支出

非经营性项目发生的江河清障疏浚、航道整治、飞播造林、退耕还林（草）、封山（沙）育林（草）、水土保持、城市绿化、毁损道路修复、护坡及清理等不能形成资产的支出，以及项目未被批准、项目取消和项目报废前已发生的支出，作为待核销基建支出处理；形成资产产权归属本单位的，计入交付使用资产价值；形成资产产权不归属本单位的，作为转出投资处理。

非经营性项目发生的农村沼气工程、农村安全饮水工程、农村危房改造工程、游牧民定居工程、渔民上岸工程等涉及家庭或者个人的支出，形成资产产权归属家庭或者个人的，作为待核销基建支出处理；形成资产产权归属本单位的，计入交付使用资产价值；形成资产产权归属其他单位的，作为转出投资处理。财务处理如下：

业务和事项内容		财务处理	
		财务会计	预算会计
待核销基建支出	建设项目发生的江河清障、航道清淤、飞播造林、补助群众造林、水土保持、城市绿化等不能形成资产的各类待核销基建支出	借：在建工程——待核销基建支出 　　贷：在建工程——建筑安装工程投资/待摊投资等	
	取消的建设项目发生的可行性研究费	借：在建工程——待核销基建支出 　　贷：在建工程——待摊投资	
待核销基建支出	由于自然灾害等原因发生的项目整体报废所形成的净损失，报经批准后转入	借：在建工程——待核销基建支出 　　银行存款/其他应收款（报废工程回收的残料变价收入、保险公司赔款等） 　　贷：在建工程——建筑安装工程投资/待摊投资等	
	经批准冲销待核销基建支出时	借：资产处置费用 　　贷：在建工程——待核销基建支出	

（三）"公共基础设施累计折旧（摊销）""固定资产累计折旧"处理

1. 并"大账"时折旧处理

（1）根据《财政部关于印发〈政府会计制度——行政事业单位会计科目和报表〉与〈行政单位会计制度〉〈事业单位会计制度〉有关衔接问题

处理规定的通知》（财会〔2018〕3号），单位在原账中尚未计提固定资产折旧、公共基础设施折旧（摊销）的，应当全面核查固定资产、公共基础设施的预计使用年限、已使用年限、尚可使用年限等，并按照新制度规定对尚未计提折旧的固定资产、公共基础设施补提折旧，按照应计提的折旧金额，借记"累计盈余"科目，贷记"固定资产累计折旧""公共基础设施累计折旧（摊销）"科目。财务处理如下：

业务和事项内容		财务处理	
		财务会计	预算会计
补提折旧	在原账中尚未计提固定资产折旧、公共基础设施折旧（摊销）	借：累计盈余 　　贷：公共基础设施累计折旧（摊销）/固定资产累计折旧	

单位对新账的财务会计科目期初余额进行调整时，应当编制记账凭证，并将调整事项的确认依据作为原始凭证。

（2）根据《关于进一步做好政府会计准则制度新旧衔接和加强行政事业单位资产核算的通知》（财会〔2018〕34号），关于公共基础设施折旧（摊销），在国务院财政部门对公共基础设施折旧（摊销）年限做出规定之前，单位在公共基础设施首次入账时暂不考虑补提折旧（摊销），初始入账后也暂不计提折旧（摊销）。单位在之前已经核算公共基础设施且计提折旧（摊销）的，在新旧衔接时以及执行行政会计准则制度后可继续沿用之前的折旧（摊销）政策。

2. 后续计量折旧处理

（1）公共基础设施应计提的折旧总额为其成本，计提公共基础设施折旧时不考虑预计净残值。政府会计主体应当对暂估入账的公共基础设施计提折旧，实际成本确定后不需调整原已计提的折旧额。

政府会计主体应当根据公共基础设施的性质和使用情况，合理确定公共基础设施的折旧年限。政府会计主体确定公共基础设施折旧年限，应当考虑下列因素：①设计使用年限或设计基准期；②预计实现服务潜力或提供经济利益的期限；③预计有形损耗和无形损耗；④法律或者类似规定对资产使用的限制。

公共基础设施的折旧年限一经确定,不得随意变更,但因改建、扩建等而延长公共基础设施使用年限的除外。对于政府会计主体接受无偿调入、捐赠的公共基础设施,应当考虑该项资产的新旧程度,按照其尚可使用的年限计提折旧。

处于改建、扩建等建造活动期间的公共基础设施,应当暂停计提折旧。因改建、扩建等原因而延长公共基础设施使用年限的,应当按照重新确定的公共基础设施的成本和重新确定的折旧年限计算折旧额,不需调整原已计提的折旧额。

(2) 固定资产折旧是指在固定资产的预计使用年限内,按照确定的方法对应计的折旧额进行系统分摊。固定资产应计的折旧额为其成本,计提固定资产折旧时不考虑预计净残值。政府会计主体应当对暂估入账的固定资产计提折旧,实际成本确定后不需调整原已计提的折旧额。

政府会计主体应当根据相关规定以及固定资产的性质和使用情况,合理确定固定资产的使用年限。固定资产的使用年限一经确定,不得随意变更。

政府会计主体确定固定资产使用年限,应当考虑下列因素:①预计实现服务潜力或提供经济利益的期限;②预计有形损耗和无形损耗;③法律或者类似规定对资产使用的限制。具体折旧年限参照表4-3政府固定资产折旧年限表。

固定资产因改建、扩建或修缮等原因而延长其使用年限的,应当按照重新确定的固定资产的成本以及重新确定的折旧年限计算折旧额。

(四) 竣工验收交付使用的财务处理

根据《关于印发〈政府会计准则制度解释第2号〉的通知》(财会〔2019〕24号),建设项目竣工验收交付使用时,按规定先转入建设单位、再无偿划拨给其他会计主体的,建设单位应当按照《政府会计制度》规定,先将在建工程转入"公共基础设施""固定资产"等科目,再按照无偿调拨资产相关规定进行账务处理。财务处理如下:

业务和事项内容		财务处理	
		财务会计	预算会计
经批准无偿调出资产时		借：无偿调拨净资产 　　固定资产累计折旧/无形资产累计摊销/公共基础设施累计折旧（摊销）等 　　贷：固定资产/无形资产/公共基础设施等 如发生的归属于调出方的相关费用，同时， 借：资产处置费用 　　贷：银行存款/零余额账户用款额度	如发生的归属于调出方的相关费用 借：其他支出 　　贷：资金结存等
年末，将本科目余额转入累计盈余	科目余额在贷方时	借：无偿调拨净资产 　　贷：累计盈余	—
	科目余额在借方时	借：累计盈余 　　贷：无偿调拨净资产	—

建设单位与资产调入方应当按规定做好资产核算工作的衔接和相关会计资料的交接，确保交付使用资产在记账上不重复、不遗漏。

四、实务操作举例

某水利枢纽防洪工程概算总投资 156000 万元，包括水闸、大坝、泵站、控导、管理楼、电站厂房、供电设施迁移工程等单位工程，工程于 2010 年开始建设，2015 年投入使用，至今仍挂列"在建工程"科目。

该法人单位 2019 年已执行《政府会计制度》，且水利枢纽工程基建账套已同步并入"大账"，不考虑固定资产累计折旧、无形资产累计摊销，以下余额表会计科目为涉及枢纽工程核算的会计科目，转固不涉及预算会计的会计处理，余额表为财务会计科目余额表数据。

2020 年 6 月 30 日财务会计科目余额表

单位：万元

科目代码	科目名称	借方余额	贷方余额
1001	库存现金	1	
1002	银行存款	520	
1214	预付账款	330	
121401	某工程有限公司	330	
1601	固定资产	521	
160101	专用设备	435	
16010101	发电机组设备	330	
16010102	起重设备	105	
160102	通用设备	86	
16010201	工具车	59	
16010202	摩托车	2	
16010203	商务车	25	
1613	在建工程	146000	
161301	建筑安装工程投资	71904	
16130101	建筑工程投资	71904	
1613010101	水库坝体工程	36700	
1613010102	水闸工程	17800	
1613010103	控导工程	5760	
1613010104	泵站工程	8600	
1613010105	管理楼工程	1600	
1613010106	电站厂房工程	1014	
1613010107	供电局供电房迁址工程	430	
161302	设备投资	13800	

（续上表）

科目代码	科目名称	借方余额	贷方余额
16130201	需要安装设备	13800	
1613020101	机电设备及安装工程	7600	
161302010101	发电设备及安装	3900	
161302010102	变电站设备及安装	2800	
161302010103	通讯设备及安装	900	
1613020102	金属结构设备及安装工程	6200	
161302010201	水库坝体	4300	
161302010202	电站厂房	1900	
161303	待摊投资	60296	
16130301	建设单位管理费	764	
1613030101	人员经常费	304	
1613030102	办公费	40	
1613030103	会议费	21	
1613030104	业务招待费	26	
1613030105	差旅交通费	87	
1613030106	固定资产使用费	175	
1613030107	技术图书资料费	26	
1613030108	劳动保护费	11	
1613030109	工程验收费	9	
1613030110	工具用具使用费	14	
1613030111	其他支出	51	
16130302	土地征用及迁移补偿费	54000	
16130303	勘察设计费	1200	
16130304	可行性研究费	100	
16130305	临时设施费	189	
16130306	利息收入	−4	
16130307	合同公证费及工程质量监测费	3434	

(续上表)

科目代码	科目名称	借方余额	贷方余额
16130308	社会中介机构审计（查）费	355	
16130309	招投标费	78	
16130310	水土保持	180	
1701	无形资产	8	
2302	应付账款		780
230201	某工程有限公司		780
3001	累计盈余		146600
300101	财政补助结转		146600
30010101	项目支出结转		146600
3001010101	以前年度拨款		146600
300101010101	中央财政补助		30000
300101010102	省级财政补助		63600
300101010103	基建投资借款		53000
	合计	147380	147380

2020年7月1日转固会计分录如下：

（1）建筑工程投资71904万元，其中形成资产属本单位的水库坝体工程36700万元、水闸工程17800万元、控导工程5760万元、泵站工程8600万元、管理楼工程1600万元、电站厂房工程1014万元，共71474万元，转"公共基础设施""固定资产"科目。

财务会计的分录为：

借：公共基础设施——水利公共基础设施——防洪（潮）工程
　　　　　　　　　　——堤防　　36700
　　　　　　　　　　——水闸　　17800
　　　　　　　　　　——控导工程　5760
　　　　　　　　　　——泵站　　8600
　　固定资产——房屋及构筑物——业务及管理用房　　2614

贷：在建工程——建筑安装工程投资——建筑工程投资
　　　　　　　　——水库坝体工程　36700
　　　　　　　　——水闸工程　17800
　　　　　　　　——控导工程　5760
　　　　　　　　——泵站工程　8600
　　　　　　　　——管理楼工程　1600
　　　　　　　　——电站厂房工程　1014

预算会计不做处理。

形成资产不属于本单位的供电局供电房迁址工程 430 万元转"基建转出投资"科目。

（2）需要安装设备 13800 万元根据实际投入的需安装设备计入相应的主体工程，转"公共基础设施""固定资产"科目，明细如下：

单位：万元

费用项目		大坝	水闸	管理楼	电站厂房	合计
机电设备及安装工程	发电设备及安装	200	800	500	2400	3900
	变电站设备及安装	200	600	400	1600	2800
	通讯设备及安装	150	100	250	400	900
金属结构设备及安装工程		4300			1900	6200
合计		4850	1500	1150	6300	13800

财务会计的分录为：

借：公共基础设施——水利基础设施——防洪（潮）工程
　　　　　　　　——堤防　4850
　　　　　　　　——水闸　1500
　　固定资产——房屋及构筑物——业务及管理用房　7450
贷：在建工程——设备投资——需要安装设备——机电设备及安装工程——发电设备及安装　3900
　　　——变电站设备及安装　2800
　　　——通讯设备及安装　900
　　　——金属结构设备及安装工程——水库坝体　4300
　　　——电站厂房　1900

预算会计不做处理。

（3）待摊投资 60116 万元根据主体工程（建筑工程投资、需要安装设备投资总和）比例分摊待摊投资，转"公共基础设施""固定资产"科目，明细如下：

单位：万元

主体工程名称	建筑工程投资	需要安装设备	小计	比例	待摊投资分摊
水库坝体工程	36700	4850	41550	48.73%	29294.53
水闸工程	17800	1500	19300	22.63%	13604.25
控导工程	5760		5760	6.75%	4057.83
泵站工程	8600		8600	10.09%	6065.70
管理楼工程	1600	1150	2750	3.22%	1935.74
电站厂房工程	1014	6300	7314	8.58%	5157.95
合计	71474	13800	85274	100%	60116

注：待摊投资 60296 万元，其中水土保持 180 万元为待核销基建支出，不参与分摊，分摊总额为 60116 万元。

财务会计的分录为：
借：公共基础设施——水利基础设施——防洪（潮）工程
　　　　　　　　　　——堤防　　29294.53
　　　　　　　　　　——水闸　　13604.25
　　　　　　　　　　——控导工程 4057.83
　　　　　　　　　　——泵站　　6065.70
　　固定资产——房屋及构筑物——业务及管理用房　7093.69
贷：在建工程——待摊投资——建设单位管理费　　764
　　　　　　　　　　——土地征用及迁移补偿费　54000
　　　　　　　　　　——勘察设计费　　1200
　　　　　　　　　　——可行性研究费　100
　　　　　　　　　　——临时设施费　　189
　　　　　　　　　　——利息收入　　　-4

——合同公证费及工程质量监测费　3434
　　——社会中介机构审计（查）费　　355
　　——招投标费　　　　　　　　　　78
预算会计不做处理。
　　转固后形成的"公共基础设施""固定资产"投资总额如下：

单位：万元

会计科目	主体工程名称	建筑工程投资	需要安装设备	待摊投资分摊	合计
公共基础设施——水利公共基础设施	堤防	36700	4850	29294.53	70844.53
	水闸	17800	1500	13604.25	32904.25
	控导工程	5760		4057.83	9817.83
	泵站	8600		6065.70	14665.71
固定资产——房屋及构筑物——业务及管理用房	管理楼	1600	1150	1935.74	4685.74
	电站厂房	1014	6300	5157.95	12471.94
合计		71474	13800	60116	145390

（4）水土保持180万元为待核销基建支出，财务会计的分录为：
　　借：在建工程——待核销基建支出——水土保持　　　　　　180
　　　　贷：在建工程——待摊投资——水土保持　　　　　　　　180
经批准，冲销待核销基建支出：
　　借：资产处置费用　　　　　　　　　　　　　　　　　　　180
　　　　贷：在建工程——待摊投资——待核销基建支出——水土保持　180
（5）供电局供电房迁址工程430万元为转出投资，该供电房属供电局所有，因工程需要供电房迁址重建产生工程费用430万元。财务会计的分录为：

借：在建工程——基建转出投资——供电局供电房迁址工程　　430
　　贷：在建工程——建筑安装工程投资——建筑工程投资——供电局供电房迁址工程　　430

同时，
借：无偿调拨净资产　　430
　　贷：在建工程——基建转出投资——供电局供电房迁址工程　　430
预算会计不做处理。

转固后，2020年7月31日财务会计科目余额表如下：

2020年7月31日财务会计科目余额表

单位：万元

科目代码	科目名称	借方余额	贷方余额
1001	库存现金	1	
1002	银行存款	520	
1214	预付账款	330	
121401	某工程有限公司	330	
1601	固定资产	17678.68	
160101	专用设备	435	
16010101	发电机组设备	330	
16010102	起重设备	105	
160102	通用设备	86	
16010201	工具车	59	
16010202	摩托车	2	
16010203	商务车	25	
160104	房屋及构筑物	17157.68	
16010401	业务及管理用房	17157.68	
1701	无形资产	8	
1801	公共基础设施	128232.32	
180101	水利公共基础设施	128232.32	

(续上表)

科目代码	科目名称	借方余额	贷方余额
18010101	防洪（潮）工程	128232.32	
1801010101	堤防	70844.53	
1801010102	水闸	32904.25	
1801010103	控导工程	9817.83	
1801010104	泵站	14665.71	
2302	应付账款		780
230201	某工程有限公司		780
3001	累计盈余		146600
300101	财政补助结转		146600
30010101	项目支出结转		146600
3001010101	以前年度拨款		146600
300101010101	中央财政补助		30000
300101010102	省级财政补助		63600
300101020103	基建投资借款		53000
3301	本期盈余		-180
3401	无偿调拨净资产		-430
	合计	146770	146770

上述"公共基础设施""固定资产"是按照截至转固时实际发生的成本估计价值入账，待办理竣工决算后再按照实际成本调整原来的暂估价值。

这里要说明的是，《政府会计准则第5号——公共基础设施》指出，公共基础设施主要包括市政基础设施（如城市道路、桥梁、隧道、公交场站、路灯、广场、公园绿地、室外公共健身器材，以及环卫、排水、供水、供电、供气、供热、污水处理、垃圾处理系统等）、交通基础设施（如公路、航道、港口等）、水利基础设施（如大坝、堤防、水闸、泵站、渠道等）和其他公共基础设施。对于水利公共基础设施下一级的明细分类体系科目，目前尚未有明确的规定指引，笔者这里是根据"广东省行政事业性固定资产管理系统"关于水利公共基础设施的分类进行核算，也是为了方便转固处理与"广东省行政事业性固定资产管理系统"录入资产保持一致。

鉴于全省各地行政事业单位资产管理系统登记录入情况不尽一致，部分地方尚未实现同步，加之，水利部门尚未制定出台水利公共基础设施分类系统及核算标准，据调查，全省可能还存在不少地方仍未按照《政府会计准则第 5 号——公共基础设施》要求将"公共基础设施"从"固定资产"中剥离核算。因此，笔者在转固指引的账务处理中提出两种意见供参考。

一是分步确认法。该方法适用于尚未将"公共基础设施"从"固定资产"中剥离核算的单位。首先按照传统做法将在建工程结转固定资产，接着按核算具体内容将"水利公共基础设施"从"固定资产"中剥离，并在资产信息系统中予以调整。

二是直接登记法。该方法是直接将"在建工程"科目结转"水利公共基础设施"，即"公共基础设施——水利公共基础设施"，可以暂时按照行政事业单位资产管理信息系统核算至四级明细，也可以暂时核算至二级科目"水利公共基础设施"，做好备查。

关于"水利公共基础设施"的具体分类以及行政事业单位资产管理信息系统的登记录入，笔者建议各级水利部门积极与同级财政部门协调沟通，确定信息对称、准确。

五、组织保障参考模板

为了高效、稳步推进转固工作，各地行政主管部门应出台相配套的组织实施方案。在本书中，笔者给出一个方案模板，在具体推进过程中，可供本书使用者酌情参考。

（一）加强组织领导

1. 组织架构

（1）省市县水行政主管部门成立领导小组，下设办公室。省市县水行政主管部门、财政部门及其他部门成立转固专项工作领导小组，项目法人下设办公室。

（2）项目单位（项目承载主体）成立工作专班。由水行政主管部门、财政部门及其他部门各抽调相关人员会同项目法人成立工作专班，分为业务组、财务组、综合组。其中，业务组人员主要包括施工单位、监理单位、设计单位、项目法人业务人员等参建单位人员，财务组人员主要包括财政部门人员、项目法人财务人员、调入单位财务人员。

2. 制定工作制度，高效推进

领导小组结合转固工作前期准备、审核定案、申请批复、清账结账、档案归档、验收总结、上报报备、追究问责等环节需求，制定各项目单位适用的关于实施内容、申报要求、审批程序、监督管理等的相关制度。

3. 协调监督

抽调人员组成综合组，主要负责协调和监督，逐级对转固各个环节进行督促和管理，存在过失的追究责任。

（二）明确职责任务

1. 领导小组办公室负责

领导小组办公室负责制定转固工作方案及制度，协调财政部门、参建单位、项目法人、资产调入方、涉及管理运营机构之间的工作衔接，管理监督工作进程，完善办理手续加快完成转固。

工作方案内容包括工作机制、工作专班人员组成、职责分工、计划完成时间、工作报告等。

2. 专班负责具体事务

（1）业务部门（参建单位）。各参建单位要高度重视转固工作，开展在建工程自查，摸清在建工程实际情况，认真梳理各类问题，特别是历史遗留问题，需成立专案组有针对性地攻破。在建工程的资产结转流程需要繁杂的手续，各部门应根据《财政部关于加快做好行政事业单位长期已使用在建工程转固工作的通知》，适当简化手续，尽快办理具备转固条件的竣工项目转固手续。

各部门单位在自查的基础上，实施开展资产核实与重新认定、产权登记、资产优化整合等一系列工作，合理归并机构改革单位资产，完善信息管理系统数据，并针对资产清查中发现的短板问题，采取有效措施。在建工程的成本与资产的入账价值息息相关，各部门应负责或要求相关部门及参建单位配合准备完整的在建工程成本资料、设计变更现场签证等成本组成材料，尽快做好项目的成本核实、资料归档及备案工作。

项目单位要进一步规范和加强基建管理，全面清理基建会计账务及项目签订的相关合同。对尚不具备转固条件，计入在建工程科目核算的实际成本，进行核实、确认；对于已交付使用的建设项目，应按规定及时办理基本建设项目竣工财务决算相关手续，确认固定资产入账成本。

（2）财会部门（财政部门）。财政部门积极配合做好基本建设项目已完工结算工程的审核定案，确定落实自筹资金应到未到金额及协助确定应付未付工程款金额。

（3）报告制度、工作机制。转固工作采用逐级上报机制，领导小组完成转固工作后，逐级上报总结及验收材料进行备案。

（三）有序推进

1. 资料清理

（1）完成清账、结账和报表编制。全面清查在建工程，各单位法人是在建工程转固工作的第一责任人，要对本部门本单位在建工程自查工作进行部署，摸清在建工程实际情况，在自查的基础上，由项目主管部门指导和督促项目建设单位，对完成项目竣工验收、工程竣工价款结算，资产交付使用后的在建工程，按相关规定清账、结账。

（2）报方案，抄送同级财政部门。根据清账、结账情况，拟定后续转固工作方案及流程，报领导小组、项目管理部门批复，同时抄送同级财政部门。

（3）账务处理及转固移交并销账。根据批复文件精神进行转固财务处理，办理资产移交手续，销账并存档基本建设项目资料。

各部门档案工作负责人应高度重视水利项目的归档工作，主动督促相关人员将工作中形成、收到的有保存价值的文件材料按工程档案管理规定整理并交部门档案室归档；督促其做好立卷归档工作，认真审查归档文件材料是否齐全、完整、准确，严把质量关，防止漏归、错归。任何部门和个人不得将档案材料按"谁负责谁保管"的方式处理，集中由单位档案室归档。

2. 验收工作

转固工作结束后,转固领导小组对转固工作进行验收,对转固工作实施情况以及结果及时追踪反馈,并查漏补缺,总结经验,上报主管部门备案。

(1) 抽验。公示验收明细,接受监督。转固工作结束后,要求各项目组将水利工程的转固清理情况及时向社会反映,公示时使用统一格式,统一下发公示通知,逐级抽查验收成果。

(2) 总结表彰。全省全面完成转固工作,逐级上报验收资料及总结,省级组织总结验收,对存在亮点的市区或工程进行表彰、经验介绍。

后 记

  基本建设项目长期不办理竣工验收手续，导致在建工程长期挂账，是我国建设管理领域的痼疾。广东省水利行业水行政主管部门对此问题一直高度关注，特别是行业财务、审计部门，一直尽最大努力推动长期已使用在建工程转固定资产的工作，包括从2002年就开始在全省推进水利工程竣工决算审计工作，以促进水利基本建设项目的规范验收并结转固定资产。但由于项目结转涉及不同部门之间的协调，且受各种客观现实条件的制约，这一问题并未从根本上解决。2019年1月，财政部印发了《关于加快做好行政事业单位长期已使用在建工程转固工作的通知》，可见在建工程长期挂账这一问题已引起了中央层面的重视。该通知在制度层面对结转固定资产的账务处理予以了进一步的明确。借这一东风，广东省水行政主管部门高度重视，迅速反应，联合会计理论界、实务界的专家在全省范围内推进该项工作，并形成本教程，以期推动在建工程转固工作的规范化实施。

  本教程得到了广东省水利厅财务审计处二级调研员陈日春同志的悉心指导，由广东省水利厅高级会计师王成（现为广东省水利水电科学研究院财务部负责人）、广东财经大学顾小龙教授主编，广东财经大学顾小龙教授组织团队进行了实地调研和教程编写，具体参与项目的工作人员包括：广东省水利电力勘测设计研究有限公司陈鸣川，中勤会计师事务所曹锦基所长、肖宇鸿会计师，广东财经大学硕士研究生王彬、刘婷、黄荣彬、蔡润、曾东、张瑶、王玉玲、张勇、吴锐宇、江叶舟、许紫薇等。

  此外，本教程的成书也离不开广东财经大学的鼎力相助，在此一并表示感谢。当然，书中难免存在一些疏漏和错误，恳请读者朋友批评指正，让我们将广东省水利在建工程转固工作做得更好！

王 成

2022年9月26日